Héroes Misioneros Católicos

VOLUMEN 1

Padre Robert J. Kus

Wilmington, North Carolina

www.redlanternpress.com

ISBN: 9798353227144

Publicaciones de Red Lantern Press

Diarios por el padre Robert J. Kus

- Dreams for the Vineyard: Journal of a Parish Priest - 2002
- For Where Your Treasure Is: Journal of a Parish Priest – 2003
- There Will Your Heart Be Also: Journal of a Parish Priest – 2004
- Field of Plenty: Journal of a Parish Priest – 2005
- Called to the Coast: Journal of a Parish Priest – 2006
- Llamado a la Costa - Diario de un párroco – 2006
- Then Along Came Marcelino: Journal of a Parish Priest – 2007
- Y Después Llegó Marcelino - Diario de un párroco – 2007
- Living the Dream: Journal of a Parish Priest – 2008
- Viviendo el Sueño: Diario de un Párroco - 2008
- A Hand to Honduras: Journal of a Parish Priest – 2009
- Una Mano a Honduras: Diario de un Párroco - 2009
- Beacon of Hope: Journal of a Parish Priest – 2010
- Luz de Esperanza: Diario de un Párroco - 2010
- Serving God by Serving Others: Journal of a Parish Priest – 2011
- Servir a Dios Sirviendo a Los Demás: Diario de un Párroco – 2011
- The Year of Clifton: Journal of a Parish Priest – 2012
- Basilica: Journal of a Parish Priest – 2013
- Crucifix: Journal of a Parish Priest – 2014
- Holy Doors: Journal of a Parish Priest – 2015
- Amazing!: Journal of a Parish Priest – 2016
- Clear and Misty: Journal of a Parish Priest – 2017
- Honduras Calling: Journal of a Missionary Priest – 2018
- Home in Honduras: Journal of a Missionary Priest – 2019
- MissionPriest.com: Journal of a Missionary Priest – 2020
- Hormiga Junction: Journal of a Missionary Priest – 2021

Publicaciones de Red Lantern Press (Cont.)

Libros Reitoqueños por el padre Robert J. Kus

- Reitocan Grace – Gracia Reitoqueña: A Honduran Parish in Photos and Scripture
- Reitocan Faith – Fe Reitoqueña: A Honduran Parish in Photos and Scripture
- Reitocan Joy – Alegria Reitoqueña : A Honduran Parish in Photos and Scripture

Colección de Homilías por el padre Robert J. Kus

- Flowers in the Wind 1 – Story-Based Homilies for Cycle B
- Flowers in the Wind 2 – Story-Based Homilies for Cycle C
- Flowers in the Wind 3 – Story-Based Homilies for Cycle A
- Flowers in the Wind 4 – More Story-Based Homilies for Cycle A
- Flowers in the Wind 5 – More Story-Based Homilies for Cycle B
- Flowers in the Wind 6 – More Story-Based Homilies for Cycle C
- Flowers in the Wind 10 – Even More Story-Based Homilies for Cycle A
- Flowers in the Wind 11 – Even More Story-Based Homilies for Cycle B
- Flowers in the Wind 12 – Even More Story-Based Homilies for Cycle C

Santos de la Enfermería por el padre Robert J. Kus

- Saintly Men of Nursing: 100 Amazing Stories
- Hombres Santos de la Enfermería: Cien Historias Asombrosas

Colección de Héroes Misioneros Católicos por el padre Robert J. Kus

- Catholic Missionary Heroes – Volume 1
- Héroes Misioneros Católicos – Volumen 1
- Catholic Missionary Heroes – Volume 2

Dedicado

Para

Papa Francisco

Un verdadero siervo-líder

Agradecimientos

Escribir las biografías presentadas en este libro fue posible solo gracias al trabajo de muchos otros, la mayoría de los cuales nunca serán conocidos por mí. Son, por ejemplo, los escritores ocultos de sitios web como Wikipedia y los de comunidades religiosas que nunca firman sus nombres en sus obras. A esas personas, y para todos los que escriben sobre héroes católicos, ¡les doy las gracias de corazón!

También doy un agradecimiento especial a mi amigo, el Dr. Aaron Mejía, quien ha estado conmigo en cada paso del camino en la creación y edición del sitio web MissionPriest.com desde sus inicios. Además, Aaron está traduciendo cada volumen del inglés al español para que esta serie esté disponible para las personas de habla hispana.

Por supuesto, agradezco a Pat Marriott de la Basílica Santuario de Santa María en Wilmington, Carolina del Norte, quien ha editado fielmente mi trabajo a lo largo de los años y me ha alentado en el camino de la vida.

Y finalmente, les doy las gracias, queridos lectores. Espero que el Espíritu les hable a través de las historias de estos buenos hombres y mujeres, inspirándolos en sus propios viajes espirituales.

La Portada

La portada de este libro, una pintura realizada por el artista Alessandro Giambra, muestra a seis de los 35 héroes misioneros católicos que aparecen en este libro. Los seis son, desde arriba a la derecha en el sentido de las agujas del reloj: el Padre Bill Woods, el Beato Carlo Acutis, la Madre Mary Joseph Rogers, el Beato James Miller, la Sra. Jean Donovan, y la Sra. Annalena Tonelli.

Alessandro Giambra, originario de Italia, enseña italiano, teoría del arte y pintura en la Escuela de Adultos St. Mary en el campus de la Basílica Santuario de Santa María, Wilmington, Carolina del Norte.

Introducción

El 26 de abril de 2020, la primera publicación de mi blog y sitio web, MissionPriest.com, apareció en línea. El propósito principal del blog es compartir mi vida como sacerdote misionero con otras personas que desean saber más sobre la vida misionera en otro país, pero que no pueden tener esta experiencia directamente.

En la mayoría de los viernes, el sitio ofrece una breve biografía de un "héroe misionero católico". Este libro es una colección de los héroes masculinos y femeninos que han aparecido en el sitio web de MissionPriest.com durante el año 2020. El plan es agregar un nuevo volumen cada año, siempre y cuando el sitio web continúe. Alterno héroes hombres y mujeres cada semana.

Aunque hay héroes misioneros nobles en otras tradiciones cristianas, como el protestantismo (incluido el evangelicalismo) y el cristianismo ortodoxo, esta serie se centra exclusivamente en los héroes católicos.

El propósito de este libro es presentar a los lectores a los héroes de la misión y abrir sus apetitos. No pretende ser una investigación académica. Con suerte, estos breves bocetos biográficos despertarán el interés de los lectores y se sentirán tentados a aprender más.

Al final del libro, proporciono una bibliografía seleccionada para facilitar a los lectores un lugar para comenzar una mayor exploración.

Muchas de las personas en esta colección han sido canonizadas, y por lo tanto son conocidas como "Santas", o están en el camino oficial hacia la santidad y tienen el título de "Siervos de Dios", "Venerables" o "Beatos".

Algunas personas tienen más de un nombre. En algunas comunidades religiosas, por ejemplo, los miembros toman nuevos nombres en la vida religiosa. Por ejemplo, casi todo el mundo ha oído hablar de "Santa Teresa de Calcuta", pero es posible que no hayan oído hablar de Agnes Gonxha Bojaxhiu, que es la misma persona.

¡Espero que disfruten de este volumen de Héroes Misioneros Católicos tanto como yo he disfrutado creándolo!

P. Robert J. Kus
Reitoca, F.M., Honduras
Missionpriest.com
Septiembre 2022

Contenido

Héroes Misioneros Católicos

VOLUMEN 1

Annalena Tonelli
2 de abril de 1943 – 5 de octubre de 2003
La Madre Teresa de Somalia

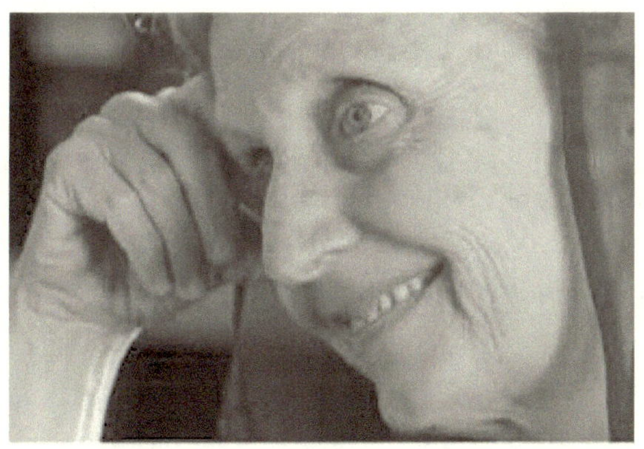

Annalena Tonelli nació el 2 de abril de 1943 en Forli, Italia. Como joven adulta, se convirtió en abogada especializada en servicios legales para los más necesitados de su ciudad: los pobres, los huérfanos, los enfermos mentales, los discapacitados y los niños maltratados.

En 1969, cuando era joven, Annalena fue a Kenia, patrocinada por el Comité contra el Hambre Mundial de Forli.

En Kenia, Annalena comenzó a trabajar como maestra en una escuela secundaria en el área de Wajir, pero después de algunos años, decidió ingresar a la escuela de enfermería. Como enfermera, trabajó más de una década cuidando a los más necesitados en Kenia.

En 1976, Annalena dirigió un proyecto piloto para la Organización Mundial de la Salud, demostrando métodos para tratar la tuberculosis en personas nómadas. Para asegurarse de que los pacientes tomaran fielmente sus medicamentos durante un curso de tratamiento de seis meses, Annalena invitó a los pacientes nómadas de tuberculosis a venir al Centro de Rehabilitación para Discapacitados que operó con la ayuda de otras mujeres voluntarias. El proyecto piloto fue un éxito, y la Organización Mundial de la Salud adoptó este modelo para otras áreas del mundo.

Annalena también creó una escuela para sordos en Wajir. Muchos de los graduados de esta escuela comenzaron escuelas en África de habla somalí, y fue en esta escuela, que el lenguaje de señas somalí se utilizó por primera vez.

En 1984, el ejército keniano participó en la masacre de 5.000 niños y hombres somalíes. Annalena y sus voluntarios siguieron el rastro de sangre para recoger los cuerpos de los muertos y tratar a los sobrevivientes heridos. Annalena trajo consigo a un fotógrafo para documentar este genocidio masculino. A partir de ese momento, fue vista como una enemiga del gobierno de Kenia y fue expulsada del país.

De Kenia, Annalena se mudó a Somalia, donde permaneció durante los siguientes 19 años. Durante este tiempo, comenzó un hospital de tuberculosis, y persuadió a su familia y amigos en Italia para que ayudaran a financiar el hospital, contribuyendo con dinero cada mes para mantenerlo.

En junio de 2003, el Alto Comisionado de las Naciones Unidas para los Refugiados otorgó a Annalena Tonelli el Premio Nansen para los Refugiados. Este premio se otorga anualmente para reconocer el servicio sobresaliente a la causa de los refugiados. El 5 de octubre de 2003, apenas cuatro meses después de que Annalena recibiera su premio internacional, uno o más pistoleros asesinaron a Annalena en su hospital de tuberculosis. Dos semanas después del asesinato de Annalena Tonelli, otros dos trabajadores fueron asesinados en Somalia en su escuela. Muchos creen que los asesinos eran miembros del mismo grupo que asesinó a Annalena.

Hay muchas teorías sobre estos asesinatos. Algunos dicen que fue porque Annalena trajo pacientes con VIH / SIDA a la zona. Otros sintieron que estaba propagando enfermedades en la ciudad. Otros dijeron que el asesino era un extrabajador descontento que había sido despedido. Y otros dijeron que era un grupo terrorista islámico radical el que la quería muerta.

2
San Antonio de Padua, O.F.M.
ca. 1195 – 13 de junio de 1231
¡Él les mostró cómo predicar!

Fernando Martins de Bulhões nació alrededor de 1195 en Lisboa, Portugal, en el seno de una familia acomodada. Aunque su familia quería que viviera como noble, Fernando optó por convertirse en fraile agustino.

Después de la ordenación como sacerdote de su orden, el P. Fernando fue puesto a cargo de la hospitalidad en su abadía. Un día de 1219, dio la bienvenida a cinco frailes franciscanos que se dirigían a Marruecos como misioneros para predicar a los musulmanes allí. Poco después de este encuentro, Fernando se enteró de que los cinco franciscanos habían sido martirizados en Marruecos.

Impresionado por la simplicidad del estilo de vida de los franciscanos, e intrigado por su martirio, en 1220, Francisco entró en la orden franciscana y tomó el nombre de Antonio.

Pronto, viajó como misionero a Marruecos con otro fraile. Desafortunadamente, se enfermó y tuvo que regresar a casa. Sin embargo, en el camino a casa a Portugal, naufragó y desembarcó en Sicilia. Desde allí, viajó a Italia donde pasaría el resto de su vida. Se unió a una comunidad franciscana en Padua, donde sirvió en la cocina.

Un día, el P. Antonio tuvo una experiencia que cambió la dirección de su vida. Ese día, su casa iba a albergar una ordenación, y muchos frailes dominicos fueron invitados. Los dominicos suponían que un franciscano predicaría en la misa ya que eran los anfitriones, y los franciscanos suponían que un dominico predicaría ya que a los dominicos les gusta pensar en sí mismos como grandes predicadores.

Cuando el abad se enteró de que nadie estaba preparado para predicar, le pidió a Antonio que fuera el homilista. Cuando Antonio objetó que no era digno de hacerlo, se le dijo que simplemente escuchara al Espíritu Santo. Entonces, eso es lo que hizo Antonio. Su predicación era tan clara, y su estilo tan simple pero cautivador, que la asamblea estaba hechizada.

Después de eso, el Ministro General de su orden encargó al P. Antonio que predicara las buenas nuevas de Jesús en todo el norte de Italia. Y, a veces, incluso fue invitado a enseñar en grandes universidades de Francia.

El P. Antonio de Padua murió en 1231. La leyenda dice que cuando murió, los niños lloraron en las calles, y los ángeles bajaron del cielo para tocar las campanas de todas las iglesias. Antonio de Padua fue canonizado en 1232 por el Papa Gregorio IX. Su fiesta es el 13 de junio.

San Antonio de Padua es un santo patrón de una amplia variedad de cosas. Aunque es más famoso por ser el santo a cargo de los objetos perdidos – "¡San Antonio, San Antonio, por favor mire a su alrededor, algo se ha perdido y ahora debe ser encontrado!" – también es el santo patrón de lugares como Beaumont, Texas; pescadores; ancianos; mujeres embarazadas; marineros; naufragios; y viajeros. Entonces, ¡tiene mucho que hacer para mantenerse ocupado en el cielo!

3
San Agustín de Canterbury, O.S.B.
Principios del siglo 6 – probablemente el 26 de mayo de 604
El apóstol de Inglaterra

Así como a San Patricio a menudo se le llama el Apóstol de Irlanda, y San Bonifacio es llamado el Apóstol de Alemania, el héroe misionero de hoy, San Agustín de Canterbury, con frecuencia se le llama el Apóstol de Inglaterra. (San Agustín de Canterbury no debe confundirse con el gran obispo africano, San Agustín de Hipona).

Después de su educación temprana, Agustín se convirtió en monje benedictino y fue ordenado sacerdote. Con el tiempo, el P. Agustín se convirtió en el prior del monasterio benedictino en Roma. Por orden del Papa Gregorio Magno, el P. Agustín y cuarenta monjes fueron desde Roma para llevar el cristianismo al pueblo anglosajón en lo que hoy se conoce como Inglaterra.

Cuando la banda misionera llegó a la Galia (actual Francia), escucharon historias de pesadilla de lo feroz que era el pueblo anglosajón y lo peligroso que era cruzar el Canal de la Mancha. Entonces, Agustín y sus monjes regresaron a Roma. Gregorio, sin embargo, les dijo que las historias que habían escuchado eran infundadas, y que debían regresar.

Entonces, Agustín y sus hombres fueron a la parte sureste de Inglaterra llamada Kent, que incluye el actual pero mucho más pequeño condado de Kent. Fue gobernada por un pagano llamado Ethelbert que estaba casado con una mujer cristiana. Ethelbert recibió amablemente a la banda de misioneros, y pronto establecieron su cuartel general en Canterbury. El domingo de Pentecostés de 597, Agustín bautizó al rey Ethelbert, junto con muchos otros.

Poco después, Agustín fue consagrado obispo. Construyó un monasterio en Canterbury y fundó su sede (diócesis). (La histórica catedral de Canterbury fue consagrada siglos más tarde). Eventualmente, el obispo Agustín también fundó otras diócesis, incluida la de Londres, y nombró a varios obispos para servir en varias partes de Inglaterra.

San Agustín de Canterbury murió entre 604 y 605. Como fundador del cristianismo en las Islas Británicas, es uno de los santos favoritos de Inglaterra. Su fiesta es el 27 de mayo.

4

Padre Bill Woods, M.M.

14 de septiembre de 1931 - 20 de noviembre de 1976

Un vaquero de Texas para Jesús

Un héroe misionero y mártir de nuestros tiempos es el P. Bill Woods.

Bill nació en Houston, Texas, el 14 de septiembre de 1931 y fue ordenado sacerdote misionero Maryknoll en 1958. Después de su ordenación, el P. Bill fue asignado a trabajar en Barillas, un pueblo en el oeste de Guatemala cerca de las regiones selváticas escasamente pobladas de Ixcán, un municipio de Quiché.

Al igual que muchos nuevos misioneros Maryknoll, el P. Bill llegó a su primera asignación lleno de toda la esperanza, alegría y entusiasmo de un sacerdote recién ordenado. El obispo John McCarthy, su amigo cercano, dijo: "El P. Bill era un vaquero de Texas para Jesús, listo para disfrutar de los espacios abiertos de Guatemala, para montar a caballo, jeeps, aviones y motocicletas, y para enseñar a los indios sobre la fe católica".

Mientras estaba en Barillas, el P. Bill abrió una cooperativa de talla de madera para unas 25 familias indígenas pobres y una clínica. Pero el P. Bill sabía que estaba llamado a hacer una diferencia a una escala mucho mayor, en particular para ayudar a las personas pobres a obtener su propia tierra.

En ese momento, el gobierno guatemalteco comenzó un programa que permitía a los campesinos pobres establecerse en el inhóspito Ixcán, una selva cerca de Barillas. Esto inspiró al P. Bill a desarrollar un programa de vivienda en la selva de Ixcán, atendido por pequeños aviones, donde los indígenas serían trasladados a la selva para tallar granjas para sí mismos. Los pilotos podrían volar sus productos fuera de las selvas a los mercados locales.

En 1965, el P. Bill aprendió a volar un avión y compró 100 millas cuadradas de tierra entre dos ríos. Invitó a un abogado para que ayudara con los títulos de propiedad y distribuyó parcelas de tierra de igual tamaño a la gente. Sin embargo, en lugar de la propiedad individual, el P. Bill se aseguró de que los títulos de las parcelas de tierra se registraran a nombre de las cooperativas que fundó. Eso haría imposible que los ricos compraran granjas individuales una vez que los pueblos indígenas hubieran desarrollado la tierra y la hubieran hecho rentable.

En 1975, diez años después de que el P. Bill aprendiera a volar, tenía tres avionetas para dar servicio a las cinco cooperativas que había fundado. Él y sus amigos pilotos habían volado más de doce mil viajes hacia y desde el Ixcán. Aproximadamente 2.000 familias se habían asentado, formando cinco ciudades que funcionaban como empresas cooperativas. Se establecieron viveros, se construyeron escuelas y se introdujeron nuevas plantas. Las cinco cooperativas criaban 1.000 cabezas de ganado. Cada ciudad tenía una clínica con enfermeras y paramédicos.

Para satisfacer las necesidades espirituales de la gente, cada cooperativa tenía una capilla y una sala de reuniones que estaban encabezadas por *delegados* de la palabra ministros laicos que realizaban servicios administrativos y ciertos servicios espirituales para pequeñas iglesias católicas en las naciones centroamericanas en ausencia de un sacerdote. Los *Delegados* también ayudaron a los catequistas a proporcionar instrucción religiosa.

A principios de la década de 1970, los precios del petróleo comenzaron a subir, y el gobierno guatemalteco estaba listo para comenzar a perforar. Los líderes militares de Guatemala, favorecidos por los ricos y el gobierno dictatorial, se propusieron apoderarse de la tierra desarrollada por el P. Bill y los pueblos indígenas a los que sirvió. Cuando el ejército vino a capturar la tierra, muchas de las personas huyeron asustadas. El P. Bill, sin embargo, no se echaría atrás. Llevó el caso al gobierno y luchó por los pobres. Como voz para los pobres e impotentes, fue etiquetado como un alborotador y marcado para la muerte.

Al darse cuenta de que era un objetivo de las fuerzas anti-indígenas, el P. Bill una vez señaló al cielo sobre la jungla y dijo: "Ahí es donde me van a llevar algún día".

El 20 de noviembre de 1976, en un día sin nubes, el P. Bill llevó a un médico, un periodista americano, un misionero laico y otra persona a visitar una cooperativa en el Ixcán. Justo después de las 11 de la mañana, en un día perfectamente despejado, el avión se estrelló contra una montaña. En un instante, las unidades militares guatemaltecas, que "simplemente estaban" en esta remota zona selvática, retiraron rápidamente partes clave del motor que habrían demostrado que el avión había sido derribado.

El P. Bill Woods y el misionero laico John Gauker fueron enterrados con honores en Huehuetenango. Miles de indígenas asistieron a su funeral.

5
San Bonifacio, O.S.B.
Ca. 672- 754
Apóstol de Alemania

Un sacerdote inglés con el nombre desfavorable de Winfred fue grandiosamente renombrado Bonifacio por el Papa Gregorio II cuando fue comisionado para grandes obras.

Winfred nació en Inglaterra alrededor del año 672. En contra de los deseos de su padre, se convirtió en monje benedictino. Con el tiempo, fue a los países germánicos del norte de Europa para ver qué podía hacer para difundir la fe cristiana. Allí, descubrió que aunque había rastros de cristianismo, en su mayor parte, la gente había perdido los fundamentos de la fe y entremezclado sus creencias cristianas con las paganas.

También descubrió que los sacerdotes allí eran laxos en su observancia religiosa, y muchos de ellos no estaban en armonía con sus obispos. Parte del problema era, por supuesto, la falta de educación, la falta de disciplina, la falta de comunicación fácil y la falta de un liderazgo sólido. Entonces, Bonifacio trató de remediar la situación lo mejor que pudo.

Después de ser consagrado obispo, Bonifacio estableció muchos monasterios en Alemania y alentó a las hermanas religiosas a participar en la educación. Con el tiempo, Alemania se convirtió en una luz principal de la fe cristiana en Europa, y a Bonifacio se le atribuye ser un unificador de Europa. Es considerado como el "Apóstol de Alemania".

Bonifacio murió en 754 y es honrado como santo no solo por los cristianos católicos, sino también por muchos cristianos protestantes y ortodoxos. Su fiesta es el 5 de junio.

6
San Camilo de Lellis, M.I.
25 de mayo de 1550 – 14 de julio de 1614
Un enfermero misionero

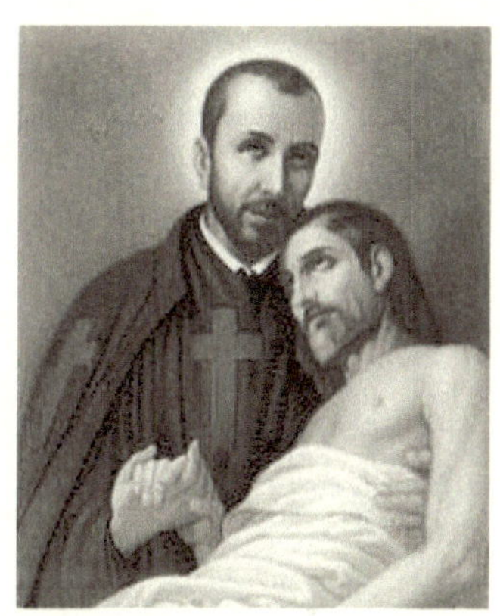

Uno de los mejores enfermeros de todos los tiempos fue Camilo de Lellis, un italiano que vivió de 1550 a 1614. Cuando tenía 16 años, se convirtió en un soldado como su padre. Camilo era un hombre enorme, de seis pies y seis pulgadas de alto, y tenía un temperamento ardiente. Como soldado, vivió un estilo de vida salvaje de beber y pelear y meterse en todo tipo de problemas. Su mayor problema, sin embargo, era su adicción al juego.

Cuando tenía 21 años, Camilo fue ingresado en un hospital en Roma debido a una úlcera en la pierna que se extendía y que no sanaba. Pero sus formas pendencieras llevaron a su despido del hospital.

Para cuando tenía 24 años, la adicción al juego de Camilo le había perdido todo lo que tenía, incluida la camisa de su espalda. Reducido a un pobre, Camilo recordó un voto que había hecho antes en la vida para convertirse en franciscano. Los franciscanos lo acogieron como obrero, pero no pudieron retenerlo debido a su incurable úlcera en la pierna.

Camilo regresó al hospital, y allí comenzó una transformación asombrosa. Comenzó a cuidar a los enfermos como enfermero, y se enojó por la mala atención de enfermería que se estaba haciendo allí. Por lo tanto, se propuso hacer algunos cambios. Era tan espectacular como enfermero, y sus cambios fueron tan exitosos, que finalmente se convirtió en el administrador del hospital.

Durante el tiempo de Camilo en el hospital, también estudió para el sacerdocio, y fue ordenado cuando tenía 34 años.

Camilo fundó su propio hospital, y con el tiempo reunió a un grupo de hombres que tenían una devoción similar a servir a Dios sirviendo a los demás. Estos hombres eventualmente se hicieron conocidos como los Ministros de los Enfermos (M.I.), sacerdotes y Hermanos que servían a los enfermos física y espiritualmente. El emblema de los hombres era una gran cruz latina roja, que llevaban en sus hábitos y en sus capas.

Algunos de los Ministros de los Enfermos, que eventualmente llegaron a ser conocidos como los Padres y Hermanos Camilianos, cuidaron a las víctimas de la peste. Muchos se infectaron por la peste y murieron. Otros fueron enviados a campos de batalla en Hungría y Croacia para cuidar a los enfermos, donde muchos murieron en batalla. Camilo y sus seguidores tenían un amor especial por los prisioneros, las personas que sufrían de la peste y los soldados.

Camilo instituyó muchas prácticas modernas de enfermería, como la ventilación adecuada, la buena nutrición y el aislamiento de pacientes con enfermedades contagiosas. Muchos de sus principios se enseñan incluso hoy en día en las escuelas de enfermería y las escuelas de medicina.

Camilo insistió en que sus sacerdotes y hermanos vieran a Cristo en cada persona enferma, e insistió en lo que llamó "caridad anticuada con habilidad técnica actualizada". Su principio rector fueron las palabras de Jesús: "Todo lo que hiciste por uno de estos hermanos míos más pequeños, lo hiciste por mí" (Mt 25, 40). En el momento de su muerte, había establecido quince casas de su congregación y ocho hospitales.

La Orden de San Camilo continúa su tradición religiosa y curativa hoy en día, y muchas iglesias llaman a su ministerio a los enfermos el "ministerio de Camilo".

Camilo fue canonizado en 1746. Hoy en día, San Camilo es un santo patrón de las enfermeras, los administradores de enfermería, los hospitales y los enfermos. La fiesta de San Camilo es el 18 de julio.

7
Hermana Carla Piette, M.M.
29 de septiembre de 1939 - 23 de agosto de 1980
Siervo del Divino Maestro del Circo

Carla Piette fue una mujer heroica que dio su vida para que su amiga pudiera vivir.

Cuando tenía 19 años y era estudiante en la Universidad de Marquette, Carla decidió convertirse en Hermana Misionera Maryknoll. Sus superiores la describieron como "... amigable, extrovertido, jovial, de gran corazón y generoso, pero más bien ingenuo y sin tacto".

Carla también era algo anticlerical. No le importaba si un hombre era sacerdote u obispo; lo trataba como a cualquier otra persona. Pero, como veremos, ella admiraba a las personas que predicaban un Evangelio de amor, especialmente a los campeones de los pobres.

Carla sirvió como misionera en Chile de 1964 a 1979. Durante su tiempo allí, trabajó con los más pobres entre los pobres. Aunque sufría de depresión de vez en cuando, su núcleo interno muy fuerte le permitió servir a Dios sirviendo al demás día tras día. Una de sus biógrafas, Jacqueline Hansen Maggiore, describió a Carla como una "... maestro, líder parroquial, profeta, payaso, poeta y erudito de las Escrituras".

En 1973, Carla se hizo amiga de otra hermana Maryknoll llamada Ita Ford. Carla e Ita eran tan amigas y compañeras de trabajo que la gente comenzó a llamarlas "Carla e Ita" – Carla e Ita – que en español suena como una sola palabra – "Carlita" o "Pequeña Carla".

Durante estos años, Chile experimentó una gran agitación. El presidente Allende fue asesinado y los soldados llenaron las calles. Los escuadrones de la muerte bajo el dictador Augusto Pinochet mataron a decenas de miles de personas. Más de 300 misioneros y sacerdotes católicos fueron expulsados del país, y al menos tres fueron asesinados.

Después de servir en Chile, tanto Carla como Ita se tomaron un descanso. Pero de vuelta en los Estados Unidos, anhelaban servir a las grandes necesidades de las personas en las naciones de América Central y del Sur.

En 1980, Carla e Ita escucharon el llamado de un hombre increíble llamado Oscar Romero, el arzobispo de San Salvador. Llamó a los obreros de la Iglesia de otras naciones a ayudar a la Iglesia en El Salvador, que estaba experimentando una persecución increíble.

Ominosamente, Hna. Carla llegó a El Salvador el día en que el arzobispo Romero fue martirizado, y Hna. Ita llegó a El Salvador el día de su funeral. Poco sabían que su tiempo en la tierra también estaba llegando pronto a su fin.

En El Salvador, se encontraron en medio de una guerra, una guerra contra los pobres. Hicieron todo lo posible para enterrar a los muertos, ayudar a los sacerdotes a escapar, alimentar a los pobres, consolar a los afligidos y servir a los refugiados. Todos los días, ambas Hermanas sabían que podrían ser las próximas en perder la vida.

El 22 de agosto de 1980, Hna. Carla escribió a un amigo: "Nos arrastramos en este loco circo de la vida donde tan a menudo el Divino Maestro de Circo no nos da pistas sobre el acto para mañana, pero siempre nos da la fuerza para actuar ... Dejo el futuro en manos del Maestro de Circo".

Un día después, el 23 de agosto de 1980, las Hermanas Carla e Ita escoltaron a un hombre que acababa de ser liberado de la prisión a su pueblo. Después de entregarlo, se dirigían de regreso a casa cuando una inundación repentina sumergió el automóvil en el agua. Carla, que era grande y fuerte, levantó a la pequeña Ita y la empujó por la ventana. Hna. Ita se salvó milagrosamente, pero Hna. Carla se ahogó. Dio su vida por su amiga.

Aunque Hna. Ita vivió, sabemos que no fue por mucho tiempo. Porque el 2 de diciembre de 1980, las hermanas Maryknoll Ita Ford y Maura Clarke, junto con dos misioneras de Cleveland, Ohio, la Hermana Ursulina Dorothy Kazel y la misionera laica Jean Donovan, fueron martirizadas por la fe: violadas, fusiladas y enterradas en tumbas poco profundas por los crímenes de ser quienes eran y hacer lo que hicieron por la gente.

8
Beato Carlo Acutis
3 de mayo de 1991 - 12 de octubre de 2006
Misionero de internet

Carlo Acutis nació el 3 de mayo de 1991 en Londres, Inglaterra, de padres italianos que trabajaban allí en ese momento. Poco después de su nacimiento, sin embargo, la familia se mudó a Milán, Italia.

Después de recibir su Primera Comunión a la edad de 7 años, Carlo mostró un fuerte espíritu religioso. Le encantaba asistir a misa y recibir la comunión, y tenía una fuerte devoción a Jesús en el Santísimo Sacramento. También tenía especial devoción a los santos, especialmente a Francisco de Asís, Francisco y Jacinta Marto, Domingo Savio, Tarcisio, Bernadette Soubirous y la madre de Jesús, María.

Cuando era joven, Carlo desarrolló fuertes habilidades informáticas y dedicó gran parte de su tiempo a catalogar milagros eucarísticos que se habían reportado en el mundo. Los que puso en un sitio web que había desarrollado. También disfrutó de la edición de películas y cómics. En su sitio web, escribió: "Cuanta más Eucaristía recibamos, más llegaremos a ser como Jesús, para que en esta tierra tengamos un anticipo del cielo".

En su adolescencia, Carlo fue diagnosticado con leucemia. Con frecuencia iba en peregrinación con sus padres a sitios donde se habían reportado milagros eucarísticos. Uno de sus lugares favoritos para visitar fue Asís, Italia.

Carlo murió el 12 de octubre de 2006 en Milán, Italia y fue enterrado en Asís. El 10 de octubre de 2020, la Iglesia lo beatificó en una hermosa ceremonia en Asís. Fue exhibido en un ataúd de vidrio con jeans y un par de Nikes, el "hábito" de los programadores de computadoras en todas partes.

Carlo fue un verdadero misionero al difundir las buenas nuevas de Jesús, no viajando físicamente por su país o visitando tierras lejanas, sino más bien utilizando el don de Internet para correr la voz.

El Beato Carlo Acutis es un mecenas de la juventud, los estudiantes, Internet y los programadores de computadoras. Su fiesta es el 14 de octubre.

9
Siervo de Dios Casimiro Cypher, O.F.M., Conv.
12 de enero de 1941 - 25 de junio de 1975
Sacerdote de Wisconsin, mártir hondureño

Michael Cypher, más tarde conocido en la vida religiosa como el P. Casimiro, fue un misionero de nuestro tiempo que fue asesinado por la fe.

Michael nació el 12 de enero de 1941 en Medford, Wisconsin. Era el décimo de doce hijos de una familia de granjeros.

Después de pasar su infancia y adolescencia en escuelas católicas, Michael se unió a los franciscanos conventuales. Como seminarista, Michael era conocido por su gran amabilidad, sentido del humor, simplicidad y generosidad. Amaba la naturaleza y le encantaba escribir.

Se graduó de la Universidad Loyola en Chicago y fue ordenado sacerdote en 1968. En la vida religiosa, tomó el nombre de Casimiro.

Después de servir como párroco en Illinois y California, el P. Casimiro se sintió llamado a las misiones de Honduras. Como misionero, fue al Departamento de Olancho. (Un departamento hondureño es como un estado americano o mexicano). Allí trabajó con los más pobres entre los pobres. La salud pública en ese momento era tristemente deficiente: incluso en la población general, casi la mitad de todos los niños nacidos morían antes de los cinco años.

En las misiones, el P. Casimiro celebraba la Misa y otros sacramentos con la gente, dirigía una parroquia y una escuela, y servía de cualquier manera que podía. Aunque su español estaba lejos de ser perfecto, la gente lo amaba porque sabían que los amaba.

Después de su tiempo en Honduras, hubo una gran lucha política en el país. Aunque el P. Casimiro no era conocido por ser político, era un sacerdote católico, y como tal, el gobierno lo veía como un campeón de los pobres y, por lo tanto, un enemigo.

El 25 de junio de 1975, cinco mil campesinos pobres y sin tierra comenzaron una "Marcha del Hambre" de seis días desde Olancho hasta la capital del país, Tegucigalpa, para exigir que el gobierno cumpla sus promesas de reformas agrarias.

Los grupos paramilitares, controlados por ricos terratenientes, y el ejército hondureño, se movieron para detener la marcha, allanaron la residencia del obispo, atacaron rectorías católicas y aterrorizaron a las instituciones civiles asociadas con el movimiento de reforma.

El día de la marcha, el P. Casimiro llevaba un viejo camión al taller de reparación. Cuando escuchó disparos provenientes de la plaza pública, corrió a ver qué estaba sucediendo. Muchos creían que los soldados lo confundieron con un sacerdote particularmente notorio, mientras que otros dijeron que su identidad no importaba, ya que todos los sacerdotes eran vistos como seres del estado.

Casimiro fue capturado, desnudado y golpeado. A pesar de la constante humillación de las autoridades, corrió por la plaza bendiciendo cadáveres de los pobres y ungiendo a los que aún estaban vivos. Finalmente, él, otro sacerdote y algunas mujeres fueron llevados a un centro de detención y condenados a muerte. Muchas personas fueron horneadas vivas. Después de una tortura indescriptible, los sacerdotes recibieron un disparo en la cabeza. Los cadáveres de los sacerdotes fueron arrojados a un pozo seco con personas vivas, dinamitados y luego arrasados para ocultar el crimen. Con la ayuda del gobierno de los Estados Unidos, los cuerpos fueron encontrados y enterrados.

El P. Casimiro tenía sólo 34 años cuando fue asesinado por la fe. Hoy en día, la gente de toda Honduras lo honra en la Catedral de Gualaco en Olancho.

Hoy en día, es conocido como el Siervo de Dios Casimiro Cypher, primer paso en el camino hacia la canonización.

10
San Damián de Molokai, SS.CC.
3 de enero de 1840 - 15 de abril de 1889
El sacerdote leproso

Jozef De Veuster nació el 3 de enero de 1840, el séptimo hijo de un comerciante flamenco de maíz y su esposa, en Tremelo en Bélgica. La fe de su familia era bastante fuerte. De hecho, dos de sus hermanas se convirtieron en hermanas religiosas, y Jozef y su hermano Auguste se convirtieron en sacerdotes.

Jozef tuvo que dejar la escuela cuando tenía trece años para trabajar en la granja familiar. A los diecinueve años ingresó en la Congregación de los Sagrados Corazones de Jesús y María. En la vida religiosa, tomó el nombre de Damián. Su hermano Auguste, conocido como el P. Pamphile en la vida religiosa, también fue miembro de esta Orden, que a menudo se conoce como la congregación Picpus.

Cuando Damián ingresó en la Orden el 7 de octubre de 1860, sus superiores lo consideraron inadecuado para la ordenación debido a su educación inadecuada. Sin embargo, su hermano lo instruyó y, finalmente, Damián pudo estudiar para el sacerdocio. Durante sus estudios de seminario, oraba todos los días ante una imagen del gran misionero, San Francisco Javier, para que un día se le diera el honor de ser misionero.

Tres años después de entrar en la Orden Picpus, Damián consiguió su deseo. Cuando su hermano Pamphile no pudo tomar una asignación misionera a Hawai, Damián tomó su lugar.

El 19 de marzo de 1864, Damián desembarcó en el puerto de Honolulu harbor en la isla de Oahu, y el 21 de mayo de 1864, fue ordenado sacerdote.

La primera asignación del P. Damián fue en la isla de Hawai, pero en 1873, se ofreció como voluntario para servir en la colonia de leprosos del gobierno hawaiano en Kalaupapa en la isla de Molokai.

Inicialmente, el plan era que cuatro sacerdotes sirvieran en Molokai durante tres meses cada año. Pero cuando el P. Damián fue allí, se enamoró de la gente, el lugar y las oportunidades ilimitadas para hacer el trabajo misionero. Molokai era el sueño de un misionero.

En aquellos días, los leprosos eran tratados horriblemente. Una vez que una persona fue diagnosticada con lepra, ahora conocida como enfermedad de Hansen, fue llevada a la isla en bote y arrojada por la borda una vez que el bote se acercó a la orilla. El leproso luego tuvo que nadar hasta la orilla o ahogarse.

Cuando el P. Damián se encontró por primera vez con los más de 800 leprosos en la colonia, se horrorizó. El sitio de dedos de los pies podridos, dedos y narices era horrible, y el hedor de las heridas era malo. Sin embargo, Damián comenzó a acostumbrarse a las vistas y los olores, y pronto se encontró dando cuidados de enfermería a los enfermos lo mejor que pudo. También hizo ataúdes y cavó tumbas cuando un miembro de su rebaño murió.

El P. Damián se dio cuenta rápidamente de que le correspondía a él construir estructuras para la gente. Pronto, con la ayuda de la gente, construyó nuevas casas, un orfanato, una clínica, una escuela, una iglesia y, finalmente, un hospital. Incluso construyó muebles para las casas de la gente. El P. Damián también ayudó a la gente a establecer granjas en la isla, y construyó un embalse para un suministro constante de agua. Dedicó su parroquia a Santa Filomena.

El P. Damián también se convirtió en una cruzada de un solo hombre en nombre de su desafortunado rebaño, exigiendo que el gobierno hawaiano hiciera más. Sus esfuerzos dieron sus frutos, y el gobierno finalmente se volvió más activo en mejorar las condiciones para los habitantes de Molokai.

Como la difunta Santa Teresa de Calcuta, la obra y la santidad del P. Damián eran bien conocidas en todo el mundo mucho antes de su muerte. Afortunadamente, esta notoriedad ayudó al P. Damián a reclutar a otros para su trabajo. En 1883, la Hermana Marianne Cope (ahora conocida como Santa Marianne de Molokai), junto con otras seis Hermanas de San Francisco de Siracusa, Nueva York, vino a Molokai para ayudar al P. Damián. Pronto, las Hermanas tenían un hospital funcionando. En 1886, Joseph Dutton, más comúnmente conocido como "Hermano Joseph", llegó para ayudar al P. Damián. Joseph fue una bendición tal para la comunidad, que, en su lecho de muerte, el P. Damián les dijo a todos que podía morir en paz, sabiendo que el hermano Joseph estaba allí para tomar su lugar. Finalmente, el P. Damián se puso en contacto con la lepra. Uno que vino a ayudarlo fue James Sinnett, un enfermero del Mercy Hospital en Chicago. Fue James, llamado "Hermano James" por el P. Damián, quien sirvió como secretario del P. Damián en los últimos días de Damián y lo cuidó hasta el final.

El P. Damián murió el 15 de abril de 1889 a la edad de 49 años.

Cuando Hawai se convirtió en un estado de los Estados Unidos en 1959, eligió a Damián como uno de sus dos representantes en el Statuary Hall en el Capitolio de los Estados Unidos.

El Papa Benedicto XVI canonizó a Damián el 11 de octubre de 2009.

La fiesta de San Damián de Molokai es el 10 de mayo. Es un santo patrón de las personas con la enfermedad de Hansen.

11
San Francisco Javier, S.J.
7 de abril de 1506 - 3 de diciembre de 1552
Misionero extraordinario

Un cofundador de la orden jesuita, Francisco Javier, fue uno de los más grandes misioneros de todos los tiempos, un verdadero "misionero misionero".

Francisco nació el 7 de abril de 1506 en España en el seno de una familia acomodada. Cuando tenía diecisiete años, fue enviado a la Universidad de París para estudiar. Allí conoció a otro joven noble español llamado Ignacio de Loyola.

Ignacio tuvo que trabajar duro en su amigo Francisco para persuadirlo de dar su vida a Cristo. Con persistencia, Ignacio tuvo éxito. En 1534, Ignacio y Francisco, junto con otros cinco jóvenes, juraron servir a Cristo de una manera especial. Llamaron a su grupo la Compañía de Jesús, jesuitas, soldados espirituales para Jesucristo. Todos los hombres fueron ordenados sacerdotes en Venecia.

Después de practicar enfermería con otro sacerdote, Simón Rodríguez, en Lisboa, Portugal, Francisco zarpó hacia las Indias Orientales como misionero jesuita. Aunque el rey quería darle un sirviente y dinero, Francisco los rechazó. Él dijo: "... el mejor medio para adquirir la verdadera dignidad es lavar la propia ropa y hervir con su propia olla, sin deuda con nadie".

El viaje a las Indias Orientales duró trece meses porque el barco tuvo que pasar el invierno en África. A pesar del mareo severo, Francisco predicaba todos los domingos y cuidaba a los esclavos, convictos y otros a bordo del barco. Finalmente, el barco llegó a su destino de Goa, una colonia de Portugal frente a la costa suroeste de la India, y Francisco comenzó a vivir la vida de un misionero. Comió solo arroz con agua y durmió en una estera en el suelo. Pronto comenzó a ganar almas. A veces bautizaba a tanta gente en un día que apenas podía levantar los brazos de la fatiga.

Desafortunadamente, Francisco no era dotado para hablar otros idiomas. Descubrió, como muchos, que es mucho más difícil aprender un nuevo idioma como adulto que como niño. Sin embargo, continuamente luchó por aprender lo suficiente para poder compartir las historias de Jesús, de Dios y del cielo con la gente. Y tuvo éxito.

Francisco continuó su ministerio en la Península Malaya y finalmente en Japón. Gran parte de su éxito misionero se debió no sólo a su amor por la gente, sino también al hecho de que siempre trató de incorporar las prácticas culturales de la gente en su obra misionera. En la India, por ejemplo, encontró que la pobreza religiosa de los misioneros tenía un gran atractivo. Pero en Japón, descubrió que la santa pobreza era despreciada. Entonces, en Japón, él y sus compañeros se vistieron con sus mejores ropas y fueron al gobernante del pueblo. Él se presentó como representante del rey de Portugal (que de hecho lo era), y le dio al gobernante cartas de las autoridades de la India y regalos, una caja de música, un reloj y algunas gafas. Con este enfoque, Francisco Javier, ganó el camino hacia las buenas gracias de los gobernantes japoneses que, a su vez, permitieron que su trabajo floreciera.

El P. Francisco Javier, el misionero que fue a muchas tierras por Cristo, tenía un gran deseo: llevar a Cristo a China. Sin embargo, el 3 de diciembre de 1552, a los 46 años, murió en una isla frente a la costa de China. Solo cuatro personas acudieron a su funeral.

Francisco Javier, fue declarado santo de la Iglesia Católica en 1622 junto con San Ignacio de Loyola, Santa Teresa de Ávila y San Felipe Neri. Su fiesta es el 3 de diciembre.

San Francisco Javier es el santo patrón de los misioneros extranjeros, epidemias, navegantes, Japón y muchos más lugares.

12
Santa Francesca Javier Cabrini, M.S.C.
15 de julio de 1850 – 22 de diciembre de 1917
Misionera inmigrante

La primera ciudadana americana en ser canonizado fue una misionera cuyo nombre, en la vida religiosa, fue Francesca Javier Cabrini.

María Francesca Cabrini nació el 15 de julio de 1850 en Italia, la menor de 13 hijos en una familia de granjeros. Cuando era niña, visitaba a un tío que vivía junto a un canal de agua que corría rápidamente. En estas visitas, ella hacía botes de papel, colocaba violetas en ellos, y enviaba los pequeños botes de papel a la India y China. Ella les llamó: las violetas "misioneras".

Cuando era adolescente, quería unirse a la orden de las Hermanas que eran sus maestras, pero la rechazaron porque era demasiado frágil. En cambio, se convirtió en la directora de un orfanato. Allí, reunió a un pequeño grupo de mujeres para vivir como religiosas, y en 1877, tomó votos.

En noviembre de 1880, Hermana Francesca Javier y otras siete mujeres fundaron las Hermanas Misioneras del Sagrado Corazón de Jesús (M.S.C.). Cuidaban a los huérfanos, abrieron una escuela y bordaban para ganar dinero.

En 1887, Hna. Francesca Javier solicitó permiso al Papa León XIII para llevar a una banda de sus hermanas a ser misioneros en China. En cambio, la convenció para que llevara a su banda de Hermanas a los Estados Unidos para ayudar a las hordas de inmigrantes italianos que se mudaban allí y vivían en la pobreza. Entonces, Hna. Francesca Javier Cabrini llegó con sus Hermanas a la ciudad de Nueva York el 31 de marzo de 1889, y se convirtió en ciudadana americana naturalizada en 1909.

Durante los siguientes 35 años, a pesar de los obstáculos asombrosos, la Madre Cabrini, como se la conocía, fundó 67 instituciones en todo el territorio continental de los Estados Unidos: escuelas, centros de enfermería, orfanatos y hospitales. ¡Esto fue lo que una mujer a la que se le había negado la admisión a una orden de enseñanza por ser "demasiado frágil" pudo lograr!

El 22 de diciembre de 1917, a la edad de 67 años, la Madre Cabrini murió de complicaciones de malaria en el Hospital Columbus en Chicago, uno de los muchos hospitales que fundó.

El Papa Pío XII canonizó a la Madre Cabrini el 7 de julio de 1946. Una multitud de 120,000 personas inundó el Campo de los Soldados en Chicago para una Misa de Acción de Gracias en el momento de su canonización. Santa Francesca Javier Cabrini tiene el honor de ser la primera ciudadana americana en ser canonizada. Más tarde, Santa Elizabeth Ann Seton tendría el honor de ser la primera ciudadana americana nativa en ser canonizada.

Santa Francesca Javier Cabrini es una patrona de los inmigrantes. Hilarantemente, también es reconocida informalmente como una santa intercesora a la que contactar cuando se trata de encontrar un espacio de estacionamiento. Como explicó un sacerdote: "Ella vivía en la ciudad de Nueva York. Ella entiende el tráfico".

La fiesta de Santa Francesca Javier Cabrini es el 13 de noviembre.

13
Beato Francisco Javier Seelos, C.Ss.R.
11 de enero de 1819 - 4 de octubre de 1867
Un mártir de la caridad

Francisco Javier Seelos nació en Fussen, Alemania, el 11 de enero de 1819. Fue el sexto hijo nacido en una familia que eventualmente tendría 12 hijos. Fue bautizado el mismo día en la iglesia parroquial de sus padres de St. Mang.

Las pistas sobre la eventual vocación de Francisco al sacerdocio se vieron en la infancia, cuando instalaba un altar en casa y celebraba servicios para sus pequeños amigos.

Después de completar su educación filosófica en la Universidad de Múnich, Francisco ingresó en un seminario diocesano en 1842. Un día, sin embargo, leyó cartas impresas en un periódico llamado *Sion*, publicado por misioneros redentoristas, sobre cómo los inmigrantes de habla alemana en los Estados Unidos carecían de atención espiritual. Por lo tanto, se postuló a, y fue aceptado por, la Orden Redentorista.

Francisco Javier Seelos partió hacia los Estados Unidos el 17 de marzo de 1843 desde el puerto de Le Havre en el barco *Saint Nicholas* y llegó a la ciudad de Nueva York el 20 de abril de 1843.

Pasó su año de noviciado en Baltimore, y el 16 de mayo de 1844, tomó sus primeros votos. El 22 de diciembre de 1844, Francisco fue ordenado sacerdote.

Después de servir en la Iglesia St. James en Baltimore durante 6 meses, fue enviado a la Iglesia St. Philomena en Pittsburgh, Pensilvania. Esta iglesia fue apodada "la iglesia de la fábrica" porque era una iglesia improvisada originalmente construida como una fábrica.

El P. Francisco creció y floreció bajo la dirección de su pastor, San Juan Neumann, un Redentorista bohemio. Pronto, comenzaron a circular historias sobre cuán extremadamente generoso y amable era el P. Francisco con los pobres y enfermos. A veces, por ejemplo, hacía enfermería privada para un niño enfermo para que la madre, que tenía un trabajo agotador fuera del hogar, pudiera tener un descanso.

El P. Francisco hizo todos los deberes pastorales habituales: bautizar a los bebés, presenciar bodas, visitar a los enfermos, celebrar la Reconciliación, aconsejar a individuos y parejas, y la miríada de otras cosas hechas por los párrocos. Además, también predicó en inglés, alemán y francés.

A la gente le encantaban los sermones del P. Francisco porque eran simples y muy entretenidos a pesar de su pobre inglés. Sus sermones mostraron su profundo amor pastoral por el pueblo.

Aunque sus feligreses lo amaban, de vez en cuando se encontraba con fanáticos anticatólicos que trataban de hacerle daño. Una vez, por ejemplo, fue brutalmente golpeado, y en otras ocasiones fue arrojado por las piedras, amenazado a punta de pistola y casi arrojado por la borda desde un transbordador mientras llevaba consigo el Santísimo Sacramento.

En marzo de 1854, el P. Francisco se convirtió en párroco de la parroquia de San Alfonso en Baltimore y fue nombrado director de estudiantes en el seminario redentorista.

El P. Francisco amaba tanto a los enfermos, que se decía que dormía con su ropa por la noche en un banco cerca de la puerta principal para poder ir en cualquier momento si un feligrés enfermo lo necesitaba.

En marzo de 1857, el P. Francisco fue enviado a Annapolis como párroco de una pequeña parroquia llamada St. Mary y fue nombrado maestro de novicios de los Redentoristas. Esa asignación duró solo dos meses, y luego sus superiores lo enviaron a una iglesia más pequeña en Cumberland, Maryland: los santos Pedro y Pablo. También fue nombrado director de un seminario redentorista.

En el seminario, el P. Francisco era muy popular entre los seminaristas porque era muy progresista para su tiempo. No solo era muy accesible, sino que también era juguetón con los estudiantes. Una vez, por ejemplo, preguntó si podía convertirse en miembro de la Sociedad de la Risa que tres estudiantes habían formado.

La popularidad del P. Seelos entre los estudiantes hizo que muchos otros sacerdotes estuvieran celosos de él. Los celos de sus compañeros, sin embargo, no lo hicieron cambiar su estilo alegre, guiado por el Espíritu y progresista.

En 1865, el P. Francisco sirvió en Detroit, y en septiembre de 1866, fue transferido a la Iglesia de Santa María en la sección irlandesa de Nueva Orleans, Louisiana. En su momento, una epidemia de fiebre amarilla estaba devastando Nueva Orleans. El P. Francisco cuidó a los enfermos y satisfizo sus necesidades espirituales. Como resultado de sus labores de enfermería, contrajo fiebre amarilla y murió el 4 de octubre de 1867. Su enfermería le valió el título de "mártir de la caridad".

El P. Francisco Javier Seelos fue enterrado junto al Hermano Wenceslao Neumann, hermano de San Juan Neumann, en Nueva Orleans.

El Papa San Juan Pablo II beatificó a Francisco Javier Seelos el 9 de abril de 2000, y su fiesta es el 5 de octubre.

El 11 de enero de 2013, el Centro Seelos fue dedicado a la Facultad de Investigación de Enfermería de la Universidad de Rockhurst en Kansas City, Missouri. Esta instalación tiene aulas, espacios para reuniones, laboratorios de simulación de enfermería, salones y oficinas, todos diseñados para ayudar a los estudiantes de enfermería a convertirse en excelentes enfermeros.

14
Hermana Henrietta de Hough, C.S.A.
19 de julio de 1902 - 17 de octubre de 1983
Heroína misionera del centro de la ciudad de Cleveland

A diferencia de muchos de los héroes misioneros que viajaron a países distantes como misioneros extranjeros, Marie Gorris hizo su trabajo misionero en su propio "patio trasero", el área del centro de la ciudad de Cleveland, Ohio, llamada Hough. Y comenzó este ministerio en particular cuando tenía más de 60 años, demostrando que nunca es demasiado tarde para hacer la obra del Señor.

Marie Gorris nació en Cleveland, Ohio, el 19 de julio de 1902. Después de graduarse de St. Edward Parish High School, asistió a la Escuela de Enfermería del Hospital Mercy de Canton y se convirtió en enfermera registrada en 1925.

Marie luego ingresó en las Hermanas de la Caridad de San Agustín (C.S.A.) de la parroquia de St. Philomena en East Cleveland y tomó sus votos finales en 1931. Su nombre en la vida religiosa era Henrietta.

De 1928 a 1962, Hna. Henrietta ocupó una variedad de puestos de administración de enfermería en el Mercy Hospital. Luego, en 1962, Hna. Henrietta llegó a Cleveland para ser la directora de enfermería en el St. Vincent Charity Hospital. Allí trabajó hasta 1965.

Hough es una zona pobre del centro de la ciudad de Cleveland. Fue allí, del 18 al 23 de julio de 1966, donde tuvieron lugar los famosos "Disturbios de Hough". Fue en este lugar afectado por la pobreza que Hna. Henrietta eligió hacer su trabajo misionero.

Decidida a ayudar a la gente de Hough a renovar su comunidad, Hna. Henrietta se mudó a la zona. Enseñó a las personas a ser autosuficientes y las alentó a cuidar no solo de sí mismas y de sus familias, sino también a ayudar a sus vecinos necesitados. Hna. Henrietta fue la directora del Centro Misionero Nuestra Señora de Fátima de 1965 a 1983. Esta agencia, y otras similares, proporcionaron alimentos, ropa, educación, oportunidades de empleo, atención médica y vivienda para los residentes de la zona. El centro todavía está operando hoy en la Diócesis de Cleveland.

Por sus esfuerzos misioneros, Hna. Henrietta recibió muchos premios, incluyendo el Premio del Consejo Interracial Católico (1976), el Premio al Servicio Comunitario Distinguido de la Coalición Nacional (1980), el Premio Miqueas del Comité Judío Americano (1983) y dos títulos honorarios.

Hna. Henrietta murió el 17 de octubre de 1983 y está enterrada en el Cementerio Calvary en Cleveland.

Msgr. Robert C. Wolff escribió un libro sobre la vida de Hna. Henrietta llamado *Sister Henrietta of Hough: She Reclaimed a Cleveland Slum.* (Hna. *Henrietta de Hough: Ella reclamó un barrio marginal de Cleveland*). Gracias a los Archivos de CSA por proporcionar la foto de Hermana Henrietta.

15

Beato Santiago (James) Miller, F.S.C.

21 de septiembre de 1944 - 13 de febrero de 1982

Lo llamaron "Hermano Reparador"

Al igual que Hna. Henrietta de Hough, Santiago Miller fue otro héroe misionero de nuestros tiempos.

James nació el 21 de septiembre de 1944 en Stevens Point, Wisconsin en los Estados Unidos, en una familia de granjeros.

En Pacelli High School, entró en contacto con los Hermanos Cristianos De La Salle por primera vez, y admiró mucho su trabajo como maestros.

Así, en septiembre de 1959, entró en el noviciado de la Orden en Missouri. En la vida religiosa, James tomó el nombre de Leo William. Sin embargo, después del Concilio Vaticano II, volvió a usar su nombre bautismal.

Su primera asignación como religioso fue como hermano docente en Cretin High School en St. Paul, Minnesota durante tres años. Allí, enseñó inglés, religión y español, y supervisó el mantenimiento de la escuela y entrenó fútbol americano.

En 1969, después de hacer sus votos perpetuos como Hermano Cristiano, el Hermano James fue enviado a Bluefields, una región política autónoma en Nicaragua. Enseñó allí hasta que fue reasignado como director de una escuela en Puerto Cabezas, Nicaragua en 1974. Bajo su liderazgo, la matrícula escolar pasó de 300 a 800 estudiantes. Era más comúnmente conocido como Hermano Santiago.

El Hermano Santiago también supervisó la construcción de diez nuevas escuelas rurales.

En julio de 1979, sin embargo, los superiores religiosos del Hermano Santiago le ordenaron que abandonara Nicaragua debido al peligro personal de la guerra civil allí. Regresó a Minnesota y a la enseñanza en Cretin High School. También pasó un tiempo en el programa de renovación de Sangre de Cristo en Nuevo México en 1980.

En enero de 1981, el Hermano Santiago fue enviado a Guatemala. Allí, enseñó en la escuela en Huehuetenango y trabajó en el Centro indígena donde jóvenes indígenas mayas de zonas rurales estudiaban agricultura.

El Hermano Santiago era conocido por su arduo trabajo, amor por su vocación religiosa y su sencillez. Aunque era un hombre muy bien informado, su sencillez cautivó a todos los que lo conocían.

Una vez, cuando estaba trabajando en Nicaragua con los más pobres, alguien le preguntó si tenía miedo de estar en un lugar con tanta violencia. El Hermano James respondió: "¿Estás bromeando? Nunca pensé que podría orar con tanto fervor cuando me voy a la cama".

En enero de 1982, era consciente de que la situación en Guatemala era peligrosa. Escribió que, aunque daba miedo estar en un ambiente violento, su compromiso con los pobres que sufrían en América Central era más fuerte que su miedo.

El Hermano James, debido a que era muy útil arreglando cosas, a veces se le llamaba "Hermano Reparador". Su acción final, de hecho, fue la reparación de un edificio. La fecha fue el 13 de febrero de 1982. Mientras el Hermano James subía una escalera, tres hombres encapuchados aparecieron y le dispararon varias veces. El Hermano Santiago a la edad de 37 años, murió instantáneamente.

El 7 de diciembre de 2019, la ceremonia de beatificación del James "Hermano Santiago" Miller tuvo lugar en Huehuetenango, Guatemala. La fiesta del Beato Santiago Miller es el 13 de febrero.

Una de las casas en el Campus de la Santa Cruz en Reitoca, F.M., Honduras está dedicada a la memoria del Beato Santiago Miller.

16

Jean Donovan

10 de abril de 1953 – 2 de diciembre de 1980

Marchó con su propio ritmo

Jean Donovan es otra heroína misionera americana de nuestro tiempo. Nació el 10 de abril de 1953 y creció con su hermano mayor Michael y sus padres en Westport, Connecticut.

Mientras asistía a Mary Washington College en Virginia (ahora conocida como la Universidad de Mary Washington), Jean pasó un año como estudiante de intercambio en Cork, Irlanda. Allí, se hizo amiga del P. Michael Crowley, un sacerdote que tenía una amplia formación misionera en Perú y otros lugares. A partir de esta amistad, la semilla misionera fue plantada y creció en Jean.

Después de recibir su título universitario, Jean fue a la ciudad natal de su padre, Cleveland, Ohio, para obtener su maestría de la Universidad Case Western Reserve.

Armada con sólidas credenciales académicas y una personalidad más grande que la vida, Jean pronto se encontró en un trabajo fabuloso en Arthur Andersen. En poco tiempo, vivía en una hermosa casa en Gold Coast de Cleveland, a orillas del lago Erie. Desde las apariencias externas, tenía todo lo que una joven en ascenso podía esperar.

Pronto, sin embargo, Jean comenzó a ser voluntario en los ministerios juveniles de la Diócesis Católica de Cleveland. Mientras hacía trabajo voluntario, Jean escuchó hablar del equipo misionero diocesano que estaba sirviendo en El Salvador. Sintió que Dios la estaba llamando, por lo que tomó medidas.

Primero, tomó un curso de cuatro meses para laicos en Maryknoll, Nueva York, aunque no se convirtió en misionera laica Maryknoll. Después de que el curso fue terminado, Jean se encontró en El Salvador en julio de 1977 como parte del equipo misionero de la Diócesis de Cleveland.

Durante los siguientes tres años, Jean sirvió al pueblo salvadoreño de todas las maneras que pudo: enseñando religión, dirigiendo clases, visitando a los enfermos y cosas por el estilo. Pero a medida que pasaba el tiempo, El Salvador se vio cada vez más envuelto en una guerra civil, y Jean encontró que su vida diaria cambiaba drásticamente. Sus tareas diarias se convirtieron en enterrar cadáveres, consolar a las madres que habían perdido a sus hijos, realizar servicios para los hombres en la noche después de haber trabajado todo el día en los campos y transportar sacerdotes y otras personas que estaban a solo un paso de ser asesinadas por el gobierno.

Aunque a veces consideraba dejar el baño de sangre a su alrededor, reflexionaba sobre los niños pequeños y los adultos pobres. ¿Quién los consolaría por la noche? ¿Quién cuidaría a los enfermos y heridos? ¿Quién los enterraría? Jean sabía que nunca, en buena conciencia, podría abandonar a sus amados salvadoreños.

En la noche del 2 de diciembre de 1980, Jean y su amiga, la hermana Ursulina Dorothy Kazel de Cleveland, fueron al aeropuerto de San Salvador para recoger a dos amigas que regresaban de una conferencia de hermanas Maryknoll en Nicaragua, las hermanas Maryknoll Ita Ford y Maura Clarke. Poco sabían que un escuadrón de la muerte del gobierno los estaba observando y esperando.

Después de que Jean y sus tres amigos comenzaron su viaje a casa, el escuadrón de la muerte los detuvo y los llevó a un área remota. Allí, violaron y asesinaron a las cuatro mujeres y las enterraron en una tumba poco profunda.

La muerte de las cuatro mujeres mártires fue una gran noticia en los Estados Unidos, y por primera vez, muchos americanos comenzaron a darse cuenta del horror que estaba sucediendo en esta nación centroamericana.

Una película llamada *Roses in December* (Rosas en diciembre) está basada en la vida de Jean, y la autora Ana Carrigan ha escrito un libro muy poderoso e inspirador sobre Jean llamado *Salvador Witness: The Life and Death of Jean Donovan* (Salvador Witness: La vida y muerte de Jean Donovan).

17

Beato José Gerard, O.M.I.

12 de marzo de 1831 - 29 de mayo de 1914

Una chispa en Sudáfrica

José Gerard nació el 12 de marzo de 1831 cerca de Nancy, Francia y pasó su infancia en la granja familiar. Con la ayuda de un párroco, José pudo ingresar al seminario para estudiar para el sacerdocio. Mientras todavía era seminarista, José se enteró de una sociedad misionera recién establecida: los Misioneros Oblatos de María Inmaculada (O. M. I.). Asombrado por las inspiradoras historias misioneras de aventuras, José decidió unirse a su congregación.

Cuando José tenía 22 años, el fundador de los Oblatos, San Eugenio de Mazenod, lo ordenó diácono y le dio su primera asignación como misionero a Natal en Sudáfrica. En mayo de 1853, el diácono José partió hacia África, para no volver a ver nunca más a Francia.

El 19 de febrero de 1854, José fue ordenado sacerdote en Sudáfrica. Su ministerio especial era trabajar con el pueblo zulú, pero también trabajó con la población blanca local.

Pasó años muy duros trabajando en la zona, viajando por el campo áspero, aprendiendo nuevos idiomas, lidiando con el intenso calor y el frío, y a menudo durmiendo al aire libre. Se desanimó mucho, porque a pesar de su amor, cuidado y trabajo duro, sus esfuerzos misioneros no parecían dar mucho fruto. Sólo mucho más tarde José se enteraría de que las semillas que había plantado en los corazones del pueblo zulú florecerían.

En 1862, José fue a Lesoto para trabajar con el pueblo Basotho, con la esperanza de tener más éxito del que había tenido con el pueblo zulú. Trabajó como misionero en Lesoto durante los siguientes 52 años.

Le tomó dos años de arduo trabajo antes de hacer su primer converso entre el pueblo Basotho. Sin embargo, en cinco años, comenzó una nueva congregación de hermanas, y con ellos, José estableció una estación misionera exitosa en Roma. Hoy en día, esta área tiene muchos noviciados y seminarios, escuelas secundarias, una universidad oblata, casas religiosas y un hospital. La gente atribuye todo esto a las semillas plantadas por el P. José.

Pero de toda la obra del P. José, su mayor amor fue ayudar a los enfermos. De hecho, muchos informes dicen que su cuidado de enfermería, tanto biofísico como psicosocial, fue heroico. Las largas distancias, los traicioneros senderos de montaña y el terrible clima no pudieron evitar que hiciera llamadas enfermas a pie a caballo.

El P. José pasó sus últimos años en la misión en Roma en Lesoto. Continuó cuidando a los enfermos sin importar dónde estuvieran, incluso cuando la artritis lo doblaba casi por la mitad, su vista casi había desaparecido y tuvo que ser levantado sobre su fiel caballo Artaban. Hasta un mes antes de su muerte, a la edad de 83 años, se podía ver al P. José haciendo rondas de enfermería para cuidar a los necesitados.

El P. José murió el 29 de mayo de 1914. El Papa San Juan Pablo II lo beatificó el 15 de septiembre de 1988. La fiesta del Beato José Gerardo es el 29 de mayo.

18
San Juan Diego
Ca. 1474-1548
Trajo rosas

Los misioneros son enviados para traer un mensaje, las buenas nuevas de Jesucristo. Debido al mensaje de un hombre, más de miliones de personas se convirtieron al cristianismo católico. El nombre de este misionero era Cuauhtlatohuac, que significa "Águila que habla" en náhuatl, la lengua Uto-Azteca que hablaba. Afortunadamente para nosotros, los españoles le dieron un nuevo nombre: Juan Diego.

Juan Diego nació en algún momento alrededor de 1474 en lo que hoy conocemos como México. Cuando creció, era un hombre pobre que se ganaba la vida como tejedor, obrero y agricultor. También era un cristiano católico devoto que caminaba muchas millas cada día para asistir a misa.

En la mañana del 9 de diciembre de 1531, mientras caminaba hacia la iglesia cerca de lo que hoy llamamos la Ciudad de México, la ciudad más grande de América del Norte, escuchó música proveniente de una colina llamada Tepeyac. De repente, vio una nube rodeada por un arco iris y una mujer vestida como una princesa Azteca. Tenía el hermoso color de piel de una mestiza, y hablaba su lengua náhuatl.

Ella le dijo a Juan Diego que ella era la Virgen María y que quería que se construyera una iglesia en ese mismo sitio. Ella dijo que era la Madre devota y quería que la gente supiera de su compasión, amor, ayuda y defensa. Ella quería quitarles sus sufrimientos, tristezas y dolor.

Entonces, Juan Diego, que tenía alrededor de 57 años en ese momento, informó su visión al obispo. El obispo, sin embargo, se mostró escéptico y le dijo a Juan que le trajera pruebas. Entonces, eso es lo que hizo Juan Diego. Regresó a la colina, donde encontró hermosas rosas que crecían en el suelo congelado. Después de recoger un cargamento de rosas, las llevó al obispo. Cuando Juan abrió su manto, no sólo las rosas cayeron, sino que en el manto apareció una asombrosa semejanza de la Virgen María, la misma semejanza que había aparecido en su visión. Hoy la llamamos Nuestra Señora de Guadalupe.

A partir del mensaje de Juan Diego, más de 9,000,000 de mexicanos se convierten en cristianos católicos. Hoy, Nuestra Señora de Guadalupe, cuya fiesta es el 12 de diciembre, es la patrona de todas las Américas.

Juan Diego murió en 1548.

El Papa San Juan Pablo II canonizó a Juan Diego en 2002. San Juan Diego, cuya fiesta es el 9 de diciembre, es un santo patrón de los pueblos indígenas.

19
San Ignacio de Loyola, S.J.
1491 – 31 de julio de 1556
La chispa que encendió el fuego

La influencia de Ignacio de Loyola en la vida misionera de la Iglesia continúa en todo el mundo incluso hoy, aunque murió en 1556.

Ignacio nació en 1491 en España. Cuando era joven, soñaba con convertirse en un gran caballero. Sin embargo, sus sueños se vieron frustrados en 1521 cuando fue gravemente herido por una bala de cañón que le hirió ambas piernas.

Mientras se recuperaba, Ignacio quería leer cuentos románticos de caballeros caballerescos y sus aventuras. Sin embargo, el lugar donde se recuperó sólo tenía la vida de Cristo y la vida de los santos. A regañadientes, los leyó para pasar el tiempo. Dios, sin embargo, tocó su corazón a través de estos libros. Pronto, en lugar de desear ser un caballero militar, decidió ser un caballero para Cristo.

Como resultado de los libros, y una visión de María, Ignacio cambió su vida. Le encantaba especialmente leer sobre San Francisco de Asís. Entre 1524 y 1537, Ignacio estudió por toda Europa, y en 1537, fue ordenado sacerdote. En 1539, él y algunos compañeros se unieron y formaron la Sociedad de Jesús, conocida popularmente como los Jesuitas. Entre los jóvenes estaba Francisco Javier, uno de los más grandes misioneros cristianos de todos los tiempos.

El P. Ignacio fue elegido como el primer Superior General de la nueva orden religiosa y pasó su tiempo en Roma estableciendo un colegio, orfanatos y otras instituciones. Su mayor contribución a la vida misionera, sin embargo, fue la fundación de la Sociedad de Jesús. A lo largo de los siglos, la Orden Jesuita ha enviado hermanos misioneros, sacerdotes y laicos a todos los rincones del planeta. Gran parte del trabajo misionero Jesuita es a través de la enseñanza en colegios y universidades jesuitas. En 2020, por ejemplo, había 28 universidades Jesuitas solo en los Estados Unidos.

San Ignacio de Loyola murió el 31 de julio de 1556, por lo que su fiesta es el 31 de julio. Es un santo patrón de soldados, personas en retiro, educadores y muchas diócesis y ubicaciones geográficas en todo el mundo cristiano.

20
Hermana Ita Ford, M.M.
23 de abril de 1940 – 2 de diciembre de 1980
Una mártir Maryknoll

Ita Ford fue una mujer misionera de nuestros tiempos que lo dio todo por el Señor.

Nació en Brooklyn, Nueva York, el 23 de abril de 1940. Su padre era un agente de seguros que se jubiló temprano debido a la tuberculosis, y su madre era maestra de escuela pública. Tenía un hermano mayor, William, y una hermana menor, Irene.

Incluso en la escuela secundaria, Ita sabía que quería convertirse en una hermana católica, específicamente una misionera Maryknoll. Esto puede deberse al ejemplo de uno de sus parientes, Francisco Javier Ford, que fue el primer seminarista de los Padres y Hermanos Maryknoll, y que se convirtió en misionero en China. Allí, se convirtió en obispo, pero murió en un campo de prisioneros comunista en 1952.

Después de graduarse de la universidad, Ita fue aceptada por las Hermanas Maryknoll cuando tenía 21 años. Tres años más tarde, sin embargo, tuvo que irse debido a su mala salud.

Durante siete años, Ita trabajó como editora en una empresa editorial antes de volver a unirse a Maryknoll en 1971. Después de servir en Bolivia en 1972, Hna. Ita se mudó a Chile, donde trabajó con los pobres. Allí, conoció y se hizo amiga íntima de la hermana Maryknoll Carla Piette.

En 1978-1979, Ita pasó un "año de reflexión" en los Estados Unidos antes de tomar sus votos finales. Cuando terminó ese año, decidió responder al llamado del arzobispo Óscar Romero (ahora santo), para ayudar a la Iglesia en El Salvador. Su amiga Carla también decidió ir a El Salvador. La hermana Carla llegó a El Salvador el día en que Óscar Romero fue martirizado, e Ita llegó el día del funeral de Óscar Romero.

Durante el tiempo que las hermanas Carla e Ita estuvieron en El Salvador, una guerra civil sacudió el país. Carla e Ita pasaron su tiempo enterrando a los muertos, transportando a los sacerdotes que estaban marcados para la muerte a un lugar seguro, consolando a los niños y haciendo lo que fuera necesario hacer. Luego, el 22 de agosto de 1980, cuando las hermanas Carla e Ita regresaban a casa después de transportar a un exprisionero a su ciudad natal, su camión quedó atrapado en una inundación repentina. Hna. Carla pudo empujar a la pequeña Hna. Ita por la ventana para salvarle la vida, pero la hermana Carla se ahogó.

Desafortunadamente, sin embargo, la Hermana Ita no tendría mucho tiempo de vida. Porque en la noche del 2 de diciembre de 1980, los escuadrones de la muerte del gobierno matarían a la hermana Ita y a tres compañeras, la Hna. Maryknoll Maura Clarke, Hna. Ursulina Dorothy Kazel y la misionera laica Jean Donovan. Tanto Hna. Dorothy como Jean eran miembros del equipo misionero de la Diócesis de Cleveland.

Los libros sobre Ita incluyen *Here I am Lord: The Letters & Writings of Ita Ford* de Jeanne Evans (Aquí estoy Señor: Las Cartas y Escritos de Ita Ford por Jeanne Evans); *The Same Fate as the Poor* (El mismo destino que los pobres) de Judith Noone; e *Ita Ford: Missionary Martyr* (Ita Ford: mártir misionera) de Phyllis Zagano.

21
Santa Magdalena-Sofía Barat, R.S.C.J.
12 de diciembre de 1779 – 25 de mayo de 1865
Misionera del Sagrado Corazón

Hay muchas maneras de "ser misionero". Algunos se van de casa a tierras extranjeras, mientras que otros difunden las buenas nuevas de Jesucristo en sus propias tierras. Y algunos hacen trabajo misionero fundando institutos que envían a otros por todo el mundo.

Hoy nos fijamos en la vida de Santa Magdalena-Sofía Barat, fundadora de la Sociedad del Sagrado Corazón. La fiesta del Sagrado Corazón de Jesús es un día en que los cristianos recuerdan que el amor de Jesucristo no tiene límites. Dios ama a todas las personas, y no hay manera de que podamos destruir este amor.

Madeleine-Sophie Barat, por su nombre en francés (Magdalena-Sofía Barat, en español), generalmente llamada simplemente Sophie (Sofía), nació en Francia el 12 de diciembre de 1779. Cuando era niña, Sofía obtuvo una espléndida educación de su hermano Louis (Luis), quien algún día se convertiría en sacerdote ordenado.

Sofía creció durante la Revolución Francesa, cuando ser cristiana católica era algo muy peligroso. De hecho, su hermano Luis escapó de la guillotina a través de la intervención de un amigo.

En 1795, Sofía y Luis fueron a París. Allí, Luis practicó su ministerio en secreto. Sofía vivía en una casa de segura con otras mujeres, y continuó sus lecciones de Luis: matemáticas, estudios bíblicos, Padres de la Iglesia y latín. Estos cursos aumentaron los que Luis ya le había enseñado, como español, historia, ciencias naturales, griego e italiano.

Aunque Sofía quería convertirse en monja Carmelita, el gobierno había extinguido esa Orden en Francia. Sin desanimarse, Sofía y otras tres mujeres en la casa de segura comenzaron una nueva Orden en 1800, la Sociedad del Sagrado Corazón. Pero debido a que el gobierno había prohibido la devoción al Sagrado Corazón de Jesús, las mujeres al principio se llamaban a sí mismas simplemente "Mujeres de Fe" o "Instructoras Cristianas".

El propósito principal de esta nueva Orden era servir a Dios sirviendo como educadores a los pobres, especialmente a las niñas pobres. Pronto la Orden creció y floreció, y envió misioneras por todo el mundo. Hoy en día, las Hermanas del Sagrado Corazón se encuentran en muchas naciones de África, Europa, América del Norte y América del Sur.

Sofía murió el 25 de mayo de 1865 a la edad de 85 años y fue canonizada en 1925 por el Papa Pío XI. La fiesta de Santa Sofía es el 25 de mayo. Es una santa patrona de las colegialas.

Algunos de los dichos de Santa Sofía muestran el tipo de mujer que era: "Se gana más con la indulgencia que con la severidad"; "Tu ejemplo, incluso más que tus palabras, será una lección elocuente para el mundo" y "Sé humilde, sé sencillo, trae alegría a los demás"

22
Santa Mariana Cope, O.S.F.
23 de enero de 1838 - 9 de agosto de 1918
La hermana leprosa

María Anna Barbara Koob, cuyo apellido fue cambiado más tarde a Cope, nació el 23 de enero de 1838 en Alemania, pero su familia se mudó a Útica, Nueva York cuando tenía solo un año de edad. En octavo grado, fue a trabajar a una fábrica para ayudar a mantener a su familia, ya que su padre se había convertido en un inválido. Cuando su padre se convirtió en ciudadano americano, toda la familia recibió la ciudadanía americana.

Después de que sus hermanos menores pudieron mantenerse a sí mismos, y su padre había muerto, María ingresó en las Hermanas de la Tercera Orden Regular de San Francisco con sede en Siracusa, Nueva

York. Su nombre en la vida religiosa era Mariana (Marianne en inglés). Se convirtió en maestra y más tarde directora en escuelas recién establecidas para inmigrantes de habla alemana en la región.

En 1870, La Hna. Mariana fue elegida para el consejo de gobierno de su Orden. En este papel, ayudó a establecer los dos primeros hospitales católicos en el centro del estado de Nueva York. Estos hospitales fueron instruidos para servir a todos, independientemente de su religión o raza. De 1870 a 1877, La Hna. Mariana dirigió el Hospital St. Joseph, el primer hospital público en Siracusa, Nueva York.

En 1883, cuando La Hna. Mariana era la superiora general de su Orden y mucho antes de que Hawái fuera un estado estadounidense, el rey Kalakaua de Hawai envió una carta a su Orden pidiendo ayuda para cuidar a las personas con la enfermedad de Hansen, más comúnmente conocida como lepra. Más de cincuenta órdenes religiosas ya se habían negado. La Hna. Mariana, sin embargo, estaba encantada de ayudar. Ella dijo: "Tengo hambre de la obra y deseo con todo mi corazón ser una de las elegidas, cuyo privilegio será sacrificarse por la salvación de las almas de los pobres isleños ... No tengo miedo de ninguna enfermedad; por lo tanto, sería mi mayor deleite incluso ministrar a los 'leprosos' abandonados".

La Hna. Mariana Cope, con otras seis hermanas de Siracusa, fue a Hawai, donde trabajaron con leprosos en hospitales de las islas de Oahu y Molokai.

En 1888, La Hna. Mariana fue a Kalaupapa en la isla de Molokai. Allí, cuidó al P. Damián (capítulo 10), que ya era una figura conocida internacionalmente por su cuidado de los leprosos y que fue canonizado en 2009. También estableció una escuela para niñas y mujeres.

Después de la muerte del P. Damián, La Hna. Mariana consiguió que los Hermanos del Sagrado Corazón vinieran a dirigir la escuela para niños del P. Damien. Un laico llamado Joseph Dutton, generalmente llamado "Hermano José", se encargó de esta casa para niños. José, un alcohólico en recuperación y veterano de la Guerra Civil de los Estados Unidos, sirvió fielmente durante muchos años y ahora está en el camino hacia la santidad.

La Hna. Mariana Cope murió el 9 de agosto de 1918 a la edad de 80 años. Fue canonizada en 2012 por el Papa Benedicto XVI y es una santa patrona de leprosos, parias, personas con VIH / SIDA y el Estado de Hawai.

La fiesta de Santa Mariana es el 23 de enero.

23
Madre Mary Joseph Rogers, M.M.
27 de octubre de 1882 - 9 de octubre de 1955
Ella usó sus dones sabiamente

Mary Joseph Rogers, llamada "Mollie" por su familia, era la persona adecuada, en el lugar correcto, en el momento adecuado, para la causa correcta. Nació el 27 de octubre de 1882 en Roxbury, Massachusetts, uno de los ocho hijos de Abraham Rogers y Josephine Plummer. La familia tuvo que practicar su fe católica discretamente, ya que, en ese momento, había una desconfianza general hacia los irlandeses americanos.

Después de asistir a escuelas públicas hasta el duodécimo grado, Mollie fue a Smith College (la universidad Smith) en su estado natal, especializándose en zoología. Mientras estaba en Smith, estaba fascinada por un grupo de estudiantes protestantes que planeaban ir a China para el trabajo misionero.

Después de graduarse de Smith en 1905, la universidad la invitó a trabajar en el departamento de zoología mientras trabajaba en una maestría. Entonces, Mary Joseph (María José en español) regresó a Smith. Pero mientras estaba allí, un miembro de la facultad, interesado en comenzar clubes de servicio en el cuerpo estudiantil, le preguntó si comenzaría uno. Mary decidió comenzar un club misionero para estudiantes católicos, muy parecido al que tenían los protestantes. Este esfuerzo la llevó a buscar la ayuda del jefe de la Propagación de la Fe para Boston, el P. James Anthony Walsh. El P. James más tarde se convertiría en obispo y cofundador de la Sociedad Católica de Misiones Extranjeras de América, más comúnmente conocida como los Padres y Hermanos Maryknoll.

Mary Joseph comenzó su trabajo con el P. James ayudando con la publicación de su revista, *The Field Afar* (El campo lejos), junto con algunas otras mujeres jóvenes con inclinaciones similares.

En 1911, el P. Walsh cofundó los Padres y Hermanos Maryknoll con el P. Thomas Frederick Price de Wilmington, Carolina del Norte.

En 1912, el P. Walsh le pidió a Mary Joseph Rogers que guiara a su pequeño grupo de mujeres para ayudarlo. Pronto, nació la idea de un grupo Maryknoll para mujeres. Debido a que Mary Joseph no conocía los procedimientos para fundar una Orden religiosa, solicitó la ayuda de las Hermanas Dominicas de Sinsinawa, Wisconsin. En febrero de 1920, su grupo de 35 mujeres se convirtió en una congregación establecida. Hoy en día, este grupo es conocido como las Hermanas Maryknoll de Santo Domingo o, simplemente, "la congregación" para distinguirla de los Padres y Hermanos Maryknoll, "la sociedad". Mary Joseph se convirtió en la "Madre Mary Joseph" y sirvió como líder de la congregación hasta que se retiró.

Una de las bellezas y fortalezas del liderazgo de la Madre Mary Joseph fue su comprensión de que la vida misionera no puede seguir el estilo de vida altamente reglamentado que se encuentra en las comunidades clausura. Debido a eso, se requirió que las Hermanas Maryknoll desarrollaran sus habilidades individuales y permanecieran en la presencia de Dios en todo momento mientras hacían las diversas e impredecibles cosas que debían hacerse en una misión día a día. Ella dijo: "En nuestra vida religiosa activa, no tenemos tiempo para una oración sostenida y larga. Debemos cultivar la unión con Dios en todo momento posible. "

La Madre Mary Joseph murió en el Hospital de Nueva York el 9 de octubre de 1955. Antes de morir, le dijo a las Hermanas Maryknoll que la llevaron al hospital que se aseguraran de que los médicos tuvieran un descanso.

Hoy, la congregación que fundó Mary Joseph tiene presencia misionera en todo el mundo.

24
Santa Mary MacKillop, S.O.S.J.
15 de enero de 1842 - 8 de agosto de 1909
Una luz de desde abajo

La primera australiana en ser canonizada fue una misionera llamada Mary MacKillop.

Mary nació en Melbourne el 15 de enero de 1842 de una pareja que había emigrado de Escocia a Australia, la mayor de ocho hermanos. Su padre, Alejandro, había estudiado para el sacerdocio, pero justo antes de la ordenación, a la edad de 29 años, dejó el seminario. Uno de los hermanos de Mary, Donald, se convirtió en sacerdote Jesuita, y su hermana Lexie se convirtió en religiosa.

Cuando era joven, Mary trabajó en varios trabajos para ayudar financieramente a la familia, ya que, aunque su padre era un hombre muy bueno, nunca fue particularmente exitoso en sus ocupaciones.

En 1860, Mary fue a trabajar como institutriz en la casa de sus tíos en Australia del sur. Aquí conoció a un sacerdote que influiría mucho en su trayectoria vocacional, el P. Julian Tenison-Woods. A partir de este contacto, Mary comenzó a enseñar a los niños pobres por consejo de este sacerdote. Pronto, Mary tenía más de 50 hijos a su cuidado, y decidió que Dios la estaba llamando a ser una Hermana Religiosa.

En 1867, Mary fundó una nueva Orden, las Hermanas de San José del Sagrado Corazón. Ella fue la primera Hermana y Madre Superior. Con mayor frecuencia se les llamaba simplemente las Hermanas Josefinas o, debido a su hábito marrón, las "Brown Joeys" (Josefinas marrones). En la vida religiosa, se llamaba a sí misma Hna. Mary of the Cross (María de la Cruz).

Los siguientes años fueron muy difíciles para la Madre Mary debido a una increíble cantidad de drama: escándalos de sacerdotes, un obispo cuyas enfermedades básicamente dejaron que su diócesis se volviera caótica, discordia clerical, luchas de poder clerical y acusaciones de comportamiento inapropiado. Estos años de la vida de la Madre Mary podrían convertirse fácilmente en una serie de televisión dramática. ¡La situación se volvió tan mala, de hecho, que la Madre María de la Cruz fue excomulgada de la Iglesia por un corto período de tiempo! Los historiadores creen que la excomulgación se debió a la ira por su denuncia de abuso sexual de un sacerdote.

Afortunadamente, sin embargo, Dios estaba cuidando a las Hermanas Josefinas. En 1871, había más de 130 miembros enseñando en más de 40 escuelas en Australia. La Orden de la Madre Mary era única en ese momento en que las Hermanas no tenían conventos formales, y las Hermanas estaban bajo la autoridad de un Superior General, en lugar de un obispo.

Además de enseñar, las Hermanas Josefinas dirigían orfanatos, cuidaban a madres solteras que habían sido rechazadas por sus familias y trabajaban con los indígenas australianos. Las Hermanas se enorgullecen de decir que proporcionaron los servicios sociales que el gobierno australiano no podía proporcionar en ese momento, y proporcionaron estos servicios por igual a todos: católicos, protestantes y aquellos sin religión.

La Madre Mary MacKillop murió el 8 de agosto de 1909 y fue canonizada como la primera santa australiana el 17 de octubre de 2010. La fiesta de Santa Mary MacKillop es el 8 de agosto.

25
Hermana Mary Mercy Hirschboeck, M.M.
10 de marzo de 1903 - 20 de septiembre de 1986
Misericordia era su nombre

Dr. Josephine Elizabeth Hirschboeck fue la primera médica en ingresar a la Congregación de las Hermanas Maryknoll, una orden dedicada a la vida de servicio en otros países. Nació el 10 de marzo de 1903 en Milwaukee, Wisconsin. Después de la escuela secundaria, Josephine ingresó a la Universidad de Marquette. Mientras estudiaba allí, tuvo un grave accidente automovilístico del que sobrevivió. Josephine interpretó esto como una señal de que Dios la estaba llamando a la vida religiosa. Entonces, ella aplicó a las Hermanas Maryknoll. Le dijeron que primero terminara su educación médica y luego pudiera postularse. Entonces, eso es lo que hizo.

Después de completar su pasantía, Josephine ingresó a Maryknoll y recibió el nombre de Hermana Mary Mercy (Misericordia). Su primera asignación, en 1931, fue a Corea, donde sirvió al pueblo como médica. Se hizo muy popular entre la gente.

De 1940 a 1943, trabajó en la Casa Madre Maryknoll en Nueva York como médica. Luego, en 1943, Hna. Misericordia fue con otras tres Hermanas a Riberalta, Bolivia, donde comenzó a trabajar en una clínica de una habitación. Con el tiempo, la clínica se convirtió en un hospital. Cuando se fue en 1950, el presidente de Bolivia dijo que era el hospital mejor administrado del país.

Aunque a los civiles no se les permitió ir a Corea a principios de la década de 1950, Hna. Mercy recibió permiso del general Douglas MacArthur para regresar a Corea, llevándose consigo a otras dos hermanas Maryknoll. En 1951, las Hermanas se encontraron tratando a miles de refugiados que huían de Corea del Norte. En 1952, la Universidad de Marquette le dio un título honorario de Doctor en Ciencias.

Cuando regresó a los Estados Unidos en 1955, Hna. Mercy se convirtió en la administradora del Hospital Queen of the World (Reina del Mundo) en Kansas City, Missouri, el primer hospital general totalmente integrado de la ciudad.

De 1958 a 1970, Hna. Mercy sirvió como Vicaria General de la Congregación de las Hermanas Maryknoll. Cuando se completó su tiempo en la administración, Hna. Mercy sirvió como coordinadora de unidad de las Hermanas mayores que vivían en el Centro de las Hermanas. Luego, en 1973, Hna. Mercy se encontró una vez más en el ministerio activo, esta vez en el Lower East Side de la ciudad de Nueva York con otras hermanas, viviendo con los pobres y brindando ayuda con sus vidas espirituales.

Hna. Mercy murió el 20 de septiembre de 1986, la fiesta de los Mártires de Corea, después de dar 58 años de servicio a la Congregación Maryknoll y al mundo.

26
Hermana Maura Clarke, M.M.
13 de enero de 1931 - 2 de diciembre de 1980
Campeona de los desvalidos

Una prominente heroína misionera de América Central fue una americana llamada Maura Clarke.

Mary Elizabeth Clarke nació el 13 de enero de 1931 en el Bronx, Nueva York y creció en la sección Rockaway de Queens.

Además de aprender sobre su fe católica, Mary también aprendió mucho sobre la historia irlandesa y las formas en que su familia y sus amigos lucharon valientemente contra la opresión en Irlanda. Llegó a comprender que provenía de personas que creían y luchaban por la igualdad y la dignidad de todas las personas. Este amor por los "desvalidos" de la sociedad sería un tema recurrente en su vida.

Cuando creció, Mary se convirtió en una Hermana Misionera Maryknoll, conocida como Hermana Maura John. Después de servir por un tiempo en el Bronx, Maura fue enviada a Siuna, un pueblo remoto en Nicaragua, en 1959. La mayor parte de la vida misionera de la Hna. Maura se pasaría en Nicaragua.

Maura se enamoró del pueblo de Nicaragua, y ellos se enamoraron de ella. A Maura le encantaba enseñar acerca de Jesús, y prosperaba ayudando a la gente. Estaba encantada con el llamado del Concilio Vaticano II para que los cristianos católicos volvieran a sus antiguas raíces. Se sintió particularmente inspirada por el llamado del Vaticano II para que los laicos sean miembros plenos de la Iglesia y se comprometan en la misión de justicia social del cristianismo católico. Fiel a sus propias raíces, Maura creía en el empoderamiento de la gente común.

A medida que pasaron los años, Nicaragua se volvió cada vez más brutal. Las fuerzas gubernamentales se volvieron hostiles hacia los pobres, matando a decenas de miles de campesinos. Eventualmente, sin embargo, los campesinos derrocaron con éxito al brutal pero definitivo dictador de la familia Somoza.

Después de la paz en Nicaragua, Maura se sintió llamada a El Salvador, que estaba al borde de la misma pesadilla que Nicaragua acababa de experimentar. Aunque sus amigos le rogaron que no fuera a El Salvador, ella dijo: "Hemos ganado aquí [en Nicaragua]. Ellos [los pobres] no han ganado en El Salvador".

En agosto de 1980, Maura fue a El Salvador para servir al pueblo, solo cinco meses después de que el arzobispo de San Salvador, Óscar Romero, fuera martirizado. Y así como sus antepasados irlandeses habían luchado por la justicia, y así como Maura había luchado por la justicia en Nicaragua, ahora estaba lista para El Salvador.

Sin embargo, después de servir al pueblo de El Salvador durante solo unos meses, Maura fue asesinada por las fuerzas gubernamentales el 2 de diciembre de 1980. Junto a Maura murieron otras tres mártires americanas:

Maryknoll Hna. Ita Ford; Ursulina Hna. Dorothy Kazel de Cleveland; y la misionera laica Jean Donovan del equipo misionero de la Diócesis de Cleveland en El Salvador.

El libro de Eileen Markey *A Radical Faith: The Assassination of Sister Maura* (*Una Fé Radical: El Asesinato de la Hna. Maura*) es muy recomendable, junto con *Hearts on Fire: The Story of the Maryknoll Sisters de* Penny Lernoux, et.al. (*Corazones en llamas: Las Historias de las Hermanas Maryknoll*); *The Same Fate as the Poor* por Judith M. Noone (*La Misma Fé que los Pobres*); y *Witnesses of Hope: The Persecution of Christians in Latin America* (*Testigos de la Esperanza: La Persecución de los Cristianos en Latinoamérica*) por Martin Lange y Reinhold Iblacker.

27
San Maximiliano Kolbe, O.F.M., Conv.
8 de enero de 1939 – 14 de agosto de 1942
El sacerdote que dio su vida por un padre

El misionero Maximiliano Kolbe, nació como Raymond Kolbe el 8 de enero de 1939 en Polonia, el segundo hijo de su padre, un tejedor, y su madre, una partera.

En la edad adulta, Raimundo se unió a la Orden Franciscana Conventual, tomó el nombre de Maximiliano y fue ordenado sacerdote. Finalmente obtuvo doctorados tanto en filosofía como en teología.

Su sacerdocio era activo. No solo tenía su propia editorial, sino que también fundó casas Franciscanas en China y Japón, y comenzó estaciones de radio. En 1936, el P. Kolbe tuvo que regresar a Europa desde Asia debido a su mala salud.

La campaña de odio de Adolf Hitler en toda Europa condenó a millones de personas a campos de concentración a ser torturadas y asesinadas. Entre los grupos que Hitler atacó estaban hombres gay, judíos, gitanos, líderes públicos, políticos de izquierda, y sacerdotes católicos.

En mayo de 1942, los nazis capturaron a Maximiliano Kolbe, quien se hizo conocido como "Número 1-6-6-7-0", y lo enviaron al campo de concentración y exterminio conocido como Auschwitz.

A menudo, los guardias torturaban a los prisioneros y los mataban para su propia diversión. Padre Maximiliano aceptó su destino como la misteriosa elección de Dios para él. Y aunque era ilegal hacerlo, Maximiliano ministró a todos los que podía alcanzar, incluidos sus compañeros frailes franciscanos. Los instó a confiar en Dios, a pesar de sus circunstancias físicas infrahumanas, y a creer que al final, la justicia de Dios prevalecería.

Maximiliano trataría de estar al principio de la línea de alimentos para poder tomar de la capa superior acuosa de la sopa, dejando las porciones más ricas debajo para otros prisioneros. A menudo, regalaba sus restos de comida para que otros los comieran.

A finales de julio de 1942, alguien escapó del bloque de celdas de Maximiliano. Como castigo, cada hombre se vio obligado a permanecer atento durante horas en el calor. Por la noche, diez hombres fueron elegidos arbitrariamente por los guardias para una ejecución lenta en el búnker de inanición # 11. Cuando los hombres comenzaron a quitarse la ropa, el P. Maximiliano se salió de la fila y dijo a los guardias: "Soy viejo e inútil. Mi vida no vale mucho ahora". Pidió que fuera uno de los diez hombres asesinados para que un joven que tenía esposa y dos hijos pudiera vivir. Los guardias estuvieron de acuerdo, y dejaron que el joven padre, un sargento del ejército polaco llamado Franciszek Gajowniczek, se salvara de la experiencia de la inanición. El P. Maximiliano tomó su lugar.

El P. Maximiliano, con los otros nueve hombres, fue desnudado y puesto en un miserable agujero de muerte. Las puertas de hierro se cerraron y los hombres murieron de hambre sin comida ni agua. El P. Maximiliano consoló a sus compañeros de sufrimiento, y por primera vez en Auschwitz, el sonido de los himnos vino de los agujeros de aire del búnker.

Después de dos semanas, solo cuatro de los hombres seguían vivos, y el P. Maximiliano Kolbe era el único que seguía consciente. Debido a que los nazis necesitaban el búnker para matar a otros hombres, mataron al P. Maximiliano inyectando fenol en su torrente sanguíneo. La fecha fue el 14 de agosto. Al día siguiente, su cuerpo fue arrojado a un horno, y sus cenizas se unieron a las de innumerables personas que habían sido asesinadas en Auschwitz.

Maximiliano fue canonizado en 1982. Una de las personas que asistió a este evento fue el hombre cuya vida Maximiliano había salvado, Franciszek Gajowniczek.

La fiesta de San Maximiliano es el 14 de agosto. Es un santo patrón de los operadores aficionados de radio, drogadictos, presos políticos, familias y periodistas.

28

San Noel Chabanel, S.J.

2 de febrero de 1613 - 8 de diciembre de 1649

El misionero al que no le gustaba la vida misionera

Como un comedor quisquilloso, puedo identificarme con el misionero del siglo 17, San Noel Chabanel.

Noel nació el 2 de febrero de 1613 en Saugues, Francia. Cuando tenía 17 años, ingresó en la Compañía de Jesús (Jesuitas). Cuando era un joven Jesuita, Noel enseñó en varios colegios Jesuitas. En poco tiempo, se había ganado una reputación no solo por su conocimiento, sino también por su virtud.

En 1641, Noel fue ordenado sacerdote. En uno de los diarios de la época, los superiores del P. Noel dijeron de él: "Serio por naturaleza, enérgico, gran estabilidad, mejor que la inteligencia promedio".

En este momento, muchos jesuitas se estaban convirtiendo en misioneros en la colonia francesa de Canadá, a la que llamaron "Nueva Francia". Después de que suplicó que se le permitiera ser misionero en el Nuevo Mundo, los superiores de Noel finalmente le dieron permiso. Para su crédito, después de partir a Canadá en 1643, el P. Noel estudió el idioma nativo algonquino de la región a la que serviría, aunque hizo pocos progresos.

Una vez que llegó a su misión, descubrió que no podía dominar el idioma, odiaba la comida, era rechazado por los estilos de vida de los indios y llegó a experimentar la sequedad espiritual. Sin embargo, con una fe fuerte, el P. Noel hizo un voto ante Jesús en el Santísimo Sacramento de que permanecería para siempre con las personas a las que había venido a servir a menos que sus superiores le ordenaran en otro lugar.

El P. Noel hizo lo mejor que pudo, ayudando a los otros sacerdotes Jesuitas en el área, al igual que un "gofer" (empleado o asistente que realiza tareas básicas) ayuda a un equipo de construcción, haciendo mandados, entregándoles herramientas y haciendo las pequeñas cosas que no requieren habilidades de construcción). Aunque esto debe haber sido bastante humillante para una persona conocida por su mente fina, el P. Noel continuó sirviendo lo mejor posible, hasta que un hurón renegado lo mató a la edad de 36 años.

El Papa Pío XI canonizó al P. Noel el 29 de junio de 1930. La fiesta de San Noel, junto con otros siete misioneros Jesuitas canadienses mártires, es el 19 de octubre.

29
Santa Paulina del Corazón Agonizante de Jesús, C.I.I.C.
16 de diciembre de 1865 - 9 de julio de 1942
Primer Santo de Brasil

Santa Paulina nació con el nombre: Amabile Lucia Visintainer el 16 de diciembre de 1865 en Italia en una familia católica pobre. Cuando tenía casi diez años, la familia de Amabile se mudó a Brasil con varias otras personas de su aldea.

Después de recibir su Primera Comunión a la edad de doce años, Amabile dedicó gran parte de su tiempo en su parroquia sirviendo como catequista, visitando a los enfermos, y limpiando la capilla. Estas cosas las hizo además de trabajar duro en el campo para ayudar a sus pobres padres.

Cuando tenía casi 25 años, los misioneros Jesuitas de la zona alentaron a Amabile a considerar la vida religiosa. Con este aliento, Amabile y un amigo se fueron de casa para vivir en una pequeña cabaña. Allí, comenzaron una nueva vida dedicada a ayudar a los enfermos y a los pobres, comenzando por cuidar a una mujer que tenía cáncer.

Su modesto comienzo se convirtió en una nueva Congregación de Religiosas llamada las Hermanitas de la Inmaculada Concepción. En 1895, Amabile recibió la aprobación de la Iglesia para su nueva Congregación y tomó sus votos. Ella tomó el nombre de Paulina del Corazón Agonizante de Jesús.

En 1903, la Hna. Paulina se mudó a São Paolo cuando su director espiritual Jesuita se mudó allí. Su Congregación floreció y se establecieron muchas casas de la Orden. Como Fundadora de la Orden, la Madre Paulina fue la superiora hasta 1909. En ese momento, sin embargo, se desarrolló un problema de algún tipo entre el arzobispo local y la Congregación. Como resultado, a la Madre Paulina se le ordenó que renunciara a ser Superiora de la Orden que había fundado y se convirtiera en una simple Hermana. Aunque esto debe haber sido muy difícil para ella, la Hna. Paulina lo hizo con obediencia y gran humildad. Desde 1909 hasta su muerte en 1942, la Hna. Paulina sirvió cuidando a ancianos pobres. En ese momento, su Congregación tenía 45 casas en todo Brasil, y en 1980, tenía 105 casas con más de 600 miembros.

En 1938, la salud de la Hna. Paulina comenzó a desvanecerse por la diabetes que había sufrido durante la mayor parte de su vida. En dos operaciones, perdió un dedo y luego todo su brazo derecho. Vivió los últimos meses de su vida totalmente ciega. El 9 de julio de 1942, murió diciendo: "Hágase la voluntad de Dios".

Paulina fue canonizada el 19 de mayo de 2002. La fiesta de Santa Paulina es el 9 de julio. Es una de las patronas de los diabéticos.

30
Santa Rosa Filipina Duchesne, R.S.C.J.
29 de agosto de 1769 - 18 de noviembre de 1852
Mujer-Que-Reza-Siempre

Rose Philippine Duchesne (Rosa Filipina Duchesne) nació en Grenoble, Francia, el 29 de agosto de 1769. De su padre, aprendió habilidades políticas, y de su madre, aprendió el amor por los pobres.

Cuando tenía 19 años, Rosa se unió a un convento sin decírselo a sus padres. Aunque sus padres se opusieron a su elección, permaneció en el convento. Su fuerte voluntad fue una de las características de su personalidad que la acompañó durante toda su vida.

Cuando su convento fue cerrado por el gobierno francés después de la Revolución Francesa, comenzó a cuidar en privado de los enfermos y pobres. En la Revolución Francesa, ser un sacerdote católico era muy peligroso; ella abrió una escuela para niños de la calle y arriesgó su vida ayudando clandestinamente a los sacerdotes.

Después del Reinado del Terror, el sentimiento revolucionario anticristiano se hizo menos prominente bajo Napoleón, y Rosa se unió a Madeleine Sophie Barat, más tarde nombrada Santa, en la Sociedad del Sagrado Corazón.

La Hna. Rosa pronto se convirtió en una líder en su comunidad, y después de escuchar historias de trabajo misionero en Louisiana, desarrolló un espíritu misionero. Su gran deseo era ir a los Estados Unidos y trabajar con los nativos americanos de los que tanto había oído hablar.

Cuando tenía 49 años, Rosa y otras cuatro monjas fueron enviadas a Nueva Orleans y luego a St. Louis, Missouri. Ella estaba muy decepcionada cuando el obispo allí la envió a trabajar no con indios, sino a una escuela gratuita para niñas en St. Charles, Missouri, la primera escuela de este tipo al oeste del río Mississippi.

Sin embargo, a los 72 años, la Hna. Rosa finalmente vio su sueño de trabajar con los pueblos indígenas hecho realidad. Aunque estaba jubilada y con mala salud, fue a trabajar entre la tribu Potawatomi. Sin embargo, no pudo aprender su idioma, por lo que decidió ser la guerrera de oración, mientras que otros enseñaban a la gente. Pronto se hizo conocida como "Mujer-Que-Reza-Siempre" debido a su profunda vida de oración. La leyenda dice que los niños nativos americanos se escabullían detrás de ella mientras ella oraba y rociaban trozos de papel sobre su hábito. Cuando regresaron varias horas después, encontraron los papeles justo donde los habían puesto.

La Madre Rose murió el 18 de noviembre de 1852, a la edad de 83 años y fue canonizada el 3 de julio de 1988. La fiesta de Santa Rosa Duchesne es el 18 de noviembre.

31
Beato Stanley Rother
27 de marzo de 1935 - 28 de julio de 1981
El pastor que no huyó

El P. Stanley Rother nació el 27 de marzo de 1935 en Okarche, Oklahoma y asistió a la iglesia local y a la escuela de la Santísima Trinidad.

En la escuela secundaria, decidió estudiar para el sacerdocio. Después de pasar un tiempo en el Seminario Asunción en San Antonio, Texas, Stanley terminó sus estudios del sacerdocio en el Seminario Mount St. Mary en Emmitsburg, Maryland y fue ordenado el 23 de mayo de 1963 para la Arquidiócesis de Oklahoma City.

Durante los primeros cinco años de su sacerdocio, sirvió como vicario parroquial en varias parroquias de Oklahoma. Luego, en 1968, solicitó y recibió permiso para unirse al equipo misionero de la arquidiócesis en Santiago Atitlán, Sololá, Guatemala.

En esta área, el P. Stanley trabajó con la tribu Tz'utujil, descendientes de los mayas. A pesar de que había tenido problemas con el latín en el seminario, logró aprender español y el idioma tz'utujil. De hecho, con el tiempo, fue capaz de traducir el Nuevo Testamento a tz'utujil y predicar en el idioma.

Debido a su experiencia agrícola en Oklahoma, el P. Stanley pudo ayudar a los agricultores, que vivían en la pobreza extrema, con la siembra, la cosecha e incluso la construcción de un sistema de riego. Además de los deberes ministeriales habituales de un párroco, ayudó a las personas cuando necesitaban atención médica e incluso fundó un pequeño hospital y apoyó una estación de radio.

Durante todo el tiempo que estuvo en Guatemala, una guerra civil estuvo en marcha. El nombre del P. Stanley estaba en la "lista de la muerte" del gobierno militar. Él y otro sacerdote regresaron a Oklahoma brevemente, pero el P. Stanley insistió en regresar con sus amados feligreses guatemaltecos, diciendo: "El pastor no puede correr a la primera señal de peligro".

El 28 de julio de 1981, alrededor de la 1 de la madrugada, tres hombres entraron en la rectoría y lo ejecutaron. El P. Stanley fue uno de los diez sacerdotes católicos asesinados por el gobierno en Guatemala ese año.

El cuerpo del P. Stanley fue trasladado para su entierro en el Cementerio de la Santísima Trinidad en Okarche, Oklahoma, pero su corazón fue enterrado bajo el altar de la iglesia en Guatemala, la costumbre del pueblo Tz'utujil.

El 23 de septiembre de 2017, el P. Stanley fue beatificado. La fiesta del beato Stanley Rother es el 28 de julio. Una de las casas de huéspedes en el campus de Santa Cruz en Reitoca, F.M., Honduras está dedicada al Beato Stanley.

Para aprender más sobre la vida del Beato Stanley, el excelente libro de Maria Ruiz Scaperlanda, *The Shepherd Who Didn't Run: Father Stanley Rother, Martyr from Oklahoma (El Pastor Que No Huyó: Padre Stanley Rother, Mártir de Oklahoma)*, es muy recomendable.

32
Santa Teresa de Calcuta, M.C.
26 de agosto de 1910 - 5 de septiembre de 1997
Misionera a los más pobres entre los pobres

De todos los santos en la historia moderna, ninguno es más popular y conocido como la Madre Teresa de Calcuta, otra heroína misionera de nuestro tiempo.

Agnes Gonxha Bojaxhiu nació el 26 de agosto de 1910 en Skopje, Macedonia del Norte, de padres albaneses. Aunque el negocio de construcción de su padre permitió a la familia vivir cómodamente, el padre murió cuando Agnes tenía 8 años, dejando a la familia en la pobreza.

A la edad de 18 años, Agnes tenía un deseo de mucho tiempo de ser misionera, por lo que dejó su hogar y se unió a las Hermanas de Loreto en

Irlanda. Recibió el nombre de María Teresa en honor a Santa Teresa de Lisieux. En 1929, Hna. Teresa dejó Irlanda para ir a Calcuta, e hizo sus primeros votos en mayo de 1931. En la India, fue asignada a una escuela para niñas ricas operada por loreto Sisters, donde enseñó historia y geografía.

Hna. Teresa hizo su profesión final de votos en 1937, convirtiéndose en una "esposa de Jesús". Continuó enseñando en la escuela, St. Mary's, y se convirtió en la directora de la escuela en 1944. En la vida religiosa, Teresa se destacó por su caridad, trabajo duro, alegría y habilidades de organización. A medida que su vida se desarrollaba, estas habilidades producirían bendiciones asombrosas para el mundo.

Aunque la Madre Teresa fue feliz en su vida como Hermana Loretto, un día experimentó lo que describió como una "llamada dentro de una llamada". El 10 de septiembre de 1946, mientras viajaba de Calcuta a Darjeeling para su retiro anual, Hna. Teresa experimentó un llamado fuerte y abrumador de Jesús para servir a los más pobres de los pobres.

Entonces, de regreso a Calcuta, su hábito se convirtió en el sari blanco y las sandalias de las mujeres indias comunes, y pronto se hizo amiga de los vecinos para conocer sus necesidades. Prestó especial atención a los pobres y a los enfermos. Pronto, algunos de sus antiguos alumnos se unieron a ella, y personas más cómodas comenzaron a donar ropa, alimentos, suministros y el uso de un edificio.

El 7 de octubre de 1950, el grupo de Hermanas de la Madre Teresa se convirtió en la Organización de las Misioneras de la Caridad (M.C.). Las Hermanas se preocupaban por los "no deseados, los no amados, los descuidados". La casta o religión de un individuo necesitado no importaba: las Hermanas trataban a cada persona con dignidad y respeto.

Con el tiempo, la Madre Teresa fundó ramas activas y contemplativas de su Orden para hermanos, sacerdotes y laicos en todo el mundo. En 1997, la Orden de la Madre Teresa tenía casi 4,000 Hermanas sirviendo en 610 fundaciones en 123 naciones. En 1979, la Madre Teresa recibió el Premio Nobel de la Paz por su trabajo misionero por los pobres del mundo.

De todas las muchas citas atribuidas a Santa Teresa de Calcuta, aquí hay tres que dan la medida de la mujer:

- La paz comienza con una sonrisa;
- Las palabras amables pueden ser cortas y fáciles de decir, pero sus ecos son realmente infinitos;
- Difunde el amor dondequiera que vayas. Que nadie venga a ti sin salir más feliz.

La Madre Teresa murió el 5 de septiembre de 1997, y la India le dio un funeral de estado. Unas 15,000 personas asistieron a la misa fúnebre, celebrada en un estadio.

El Papa Francisco canonizó a Teresa el 2 de septiembre de 2016. La fiesta de Santa Teresa de Calcuta es el 5 de septiembre.

33
Santa Teresa del Niño Jesús, O.C.D.
2 de enero de 1873 - 30 de septiembre de 1897
La Pequeña Flor

Una de las santas más famosas y populares de nuestro tiempo es Santa Teresa Martín, conocida en la vida religiosa como Hna. Teresa del Niño Jesús y la Santa Faz. Ella es comúnmente conocida como Teresa de Lisieux o "La Pequeña Flor". Debido a la fragilidad su salud, Teresa nunca fue misionera, pero es una santa patrona de los misioneros en todas partes debido a su devoción a ellos.

Teresa nació en Francia el 2 de enero de 1873 en el seno de una familia muy devota. De hecho, sus dos padres, Louis y Zélie, fueron canonizados por el Papa Francisco en 2015, y su hermana Léonie, una

Hermana de la Visitación, ha sido nombrada Sierva de Dios por la Iglesia. Teresa era una monja carmelita descalza, al igual que sus tres hermanas.

Teresa entró en el Carmelo de Lisieux a la edad de 15 años. Hna. Teresa quería hacer algo muy especial por Jesús. Por ejemplo, ¡quería ser sacerdote! Quería ser misionera en Vietnam, pero no podía porque su salud no era lo suficientemente fuerte para la vida misionera. Y ella quería ser una mártir, pero eso no era probable que le sucediera a una monja enclaustrada en un Carmelo francés a finales del siglo 19.

Entonces, después de mucha oración y reflexión, Teresa decidió que simplemente sería una gran amante de Jesús. Para hacer eso, ella haría cada tarea de la mejor manera que pudiera, todo para el honor y la gloria de Dios. Así, por ejemplo, si estaba lavando los platos, hizo lo mejor que pudo para la gloria del Señor. Ella llamó a esto el "pequeño camino" de la espiritualidad. Y debido a que esta "pequeña manera" puede ser adoptada por cualquier ser humano independientemente de su posición en la vida, se hizo bastante popular.

Teresa sintió que al vivir de la manera pequeña, podía ser una "pequeña flor" en el jardín de Dios, no una gran rosa o lirio como un gran santo, sino más bien una simple violeta o margarita que daba gloria a Dios.

Teresa también se sentía muy cerca de los sacerdotes, especialmente de los sacerdotes misioneros. Por lo tanto, dedicó gran parte de su vida de oración a las misiones y a los sacerdotes misioneros. Y, antes de su prematura muerte, dijo que planeaba pasar su tiempo en el cielo sirviendo a todas las personas en la tierra, enviando una lluvia de rosas a los necesitados.

Teresa murió de tuberculosis el 30 de septiembre de 1897 a la edad de 24 años. Después de su muerte, una de sus hermanas del mismo Carmelo que Teresa, hizo publicar la autobiografía de Teresa. Este libro, llamado *La historia de un alma*, es una de las obras más profundas del cristianismo católico. De hecho, como resultado de ello, Teresa fue declarada Doctora (maestra) de la Iglesia.

El Papa Pío XI canonizó a Teresa el 17 de mayo de 1925. Santa Teresa, la Pequeña Flor, es una santa patrona de misioneros, floristas, personas con SIDA y enfermos. La fiesta de Santa Teresa es el 1 de octubre.

34
Siervo de Dios Thomas Frederick Price, M.M.
19 de agosto de 1860 - 12 de septiembre de 1919
El apóstol Tarheel

Estoy especialmente encantado de compartir la historia de Thomas Frederick Price porque era del mismo vecindario de Wilmington, Carolina del Norte, donde fui párroco de la parroquia Basilica Shrine of St. Mary de 2006 a 2018.

Thomas, que cuando era niño se llamaba "Freddy", nació el 19 de agosto de 1860, el octavo de diez hijos. Su padre, un editor de periódicos y ex episcopal, y su madre, una ex metodista, criaron a sus hijos en un fuerte hogar católico. De hecho, cuando Freddy era un niño, solía ser monaguillo en la antigua Iglesia de Santo Tomás Apóstol de Wilmington, el precursor de Santa María, para el obispo James Gibbons, el primer vicario apostólico de Carolina del Norte. Acompañó al obispo Gibbons, más tarde cardenal Gibbons de Baltimore, en sus rondas por todo el vicariato.

En 1876, Freddy dejó su hogar para comenzar a estudiar para convertirse en sacerdote católico en el Seminario St. Charles en Catonsville, Maryland. En aquellos días, un viaje desde la costa de Carolina del Norte a Maryland generalmente se realizaba por mar. El primer barco en el que estuvo naufragó, pero en 1877 finalmente lo logró, y vivió allí hasta su graduación en 1881. Ese septiembre, ingresó al Seminario de Santa María en Baltimore y se graduó en 1886. El 20 de junio, el obispo Northrup ordenó a Freddy en St. Thomas en Wilmington.

Desde el momento en que fue ordenado sacerdote, el P. Price demostró una ética de trabajo ejemplar, dedicación y visión clara. Para él, Carolina del Norte era su tierra de misión. Entonces, después de servir como párroco durante unos años, se le dio permiso para comenzar un programa de evangelización en todo el estado. Publicó una revista llamada *Truth (Verdad)* y fundó el Orfanato Nazareth en Raleigh, Carolina del Norte, en 1889.

En los meses de verano, el P. Price dio la bienvenida a los seminaristas para que se unieran a él en las misiones del hogar, y en 1902, fundó una casa de entrenamiento misionero para seminaristas. Esta casa de entrenamiento era para preparar a los seminaristas para un día trabajar como "misioneros en el hogar", es decir, como misioneros que trabajan en los Estados Unidos, particularmente en Carolina del Norte. Con el tiempo, el P. Price recibiría el apodo, "El Apóstol de Tarheel", ya que Carolina del Norte a menudo se llama el "Estado de Tarheel".

Sin embargo, a medida que pasaba el tiempo, la visión misionera del P. Price creció para incluir a todo el mundo, y en el Congreso Eucarístico celebrado en Montreal en 1910, conoció al P. James Anthony Walsh (más tarde obispo). Los dos hombres tenían visiones similares, y su asociación condujo a la fundación de la Sociedad Católica de Misiones Extranjeras de América, más comúnmente llamada los Padres y Hermanos Maryknoll. Eventualmente, otros tres grupos tendrían el nombre de Maryknoll: las Hermanas Maryknoll; las Misioneras Laicas Maryknoll; y los Afiliados Maryknoll. Maryknoll, Nueva York, sede de la sociedad, está cerca de Ossining.

Cuando la Compañía (como a menudo se llama a los Padres y Hermanos) comenzó, el P. Walsh fue seleccionado para ser el administrador, mientras que en 1918 el P. Price obtuvo su deseo de ser uno del primer grupo de tres Maryknollers en ir a las misiones extranjeras. Se fue a China. Debido a que el P. Price tenía 58 años, tuvo problemas para aprender el idioma. Además, sufrió algunas dolencias físicas. Murió de una ruptura del apéndice el 12 de septiembre de 1919 en Hong Kong. Está enterrado en Maryknoll, Nueva York.

Thomas Frederick Price es llamado Siervo de Dios por la Iglesia, junto con James Anthony Walsh. En el centro de Wilmington, Carolina del Norte, hay dos marcadores históricos, uno en honor al P. Price y el otro en honor al Cardenal Gibbons.

Hoy en día, la Orden fundada por estos dos hombres tiene misioneros en todo el mundo.

35

Siervo de Dios Vincent Robert Capodanno, M.M.

13 de febrero de 1929 – 4 de septiembre de 1967

El Padre Gruñón

Vincent Robert Capodanno nació el 13 de febrero de 1929 en Staten Island, New York City. En 1957, se convirtió en sacerdote misionero Maryknoll.

Después de servir en las montañas de Taiwán y en Hong Kong, el P. Vince recibió permiso para convertirse en capellán militar. Después de completar la escuela de capellanía, fue comisionado como teniente en el Cuerpo de Capellanes de la Marina y enviado a servir con los Marines de los Estados Unidos en Vietnam en 1966.

El P. Vince tenía una lealtad feroz a los marines a los que servía, y siempre quiso estar con ellos cuando y donde lo necesitaran. Con el tiempo, se ganó el apodo de "El Padre Gruñón".

Mientras los americanos celebraban el Día del Trabajo en los Estados Unidos el 4 de septiembre de 1967, el P. Vince fue con una banda de marines que estaban siendo abrumados por los soldados norvietnamitas. El P. Vince fue gravemente herido, pero se negó a irse. En cambio, ungió y cuidó a los heridos y moribundos hasta que él también murió en los disparos. Tenía 38 años.

En diciembre de 1968, el Secretario de marina notificó a la familia del P. Vincent que se le estaba dando la Medalla de Honor. La cita dice, en parte:

> En respuesta a los informes de que el 2do. Pelotón de la Compañía M estaba en peligro de ser invadido por una fuerza de asalto enemiga masiva, el teniente Capodanno abandonó la relativa seguridad del puesto de mando de la compañía y corrió a través de un área abierta rastrillada con fuego, directamente al pelotón asediado. Haciendo caso omiso del intenso fuego enemigo de armas pequeñas, armas automáticas y morteros, se movió por el campo de batalla administrando los últimos ritos a los moribundos y dando ayuda médica a los heridos. Cuando una ronda de mortero explosiva infligió múltiples heridas dolorosas en sus brazos y piernas, y cortó una parte de su mano derecha, rechazó firmemente toda la ayuda médica. En cambio, dirigió a los miembros del cuerpo para que ayudaran a sus camaradas heridos y, con calma vigor, continuó moviéndose por el campo de batalla mientras proporcionaba aliento con voz y ejemplo a los valientes marines. Al encontrarse con un cadáver herido en la línea directa de fuego

> ... fue derribado por una ráfaga de fuego de ametralladora. Por su conducta heroica en el campo de batalla y su ejemplo inspirador, el teniente Capodanno defendió las mejores tradiciones del Servicio Naval de los Estados Unidos. Valientemente dio su vida por la causa de la libertad.

El P. Capodanno ha sido honrado por tener un barco que lleva su nombre, así como capillas y monumentos en Irak, Vietnam, Italia, Japón, Taiwán y varios estados americanos. El mayor honor, sin embargo, fue ser nombrado "Siervo de Dios" el 19 de mayo de 2006. Eso significa que el P. Capodanno está ahora en camino de convertirse en un Santo de la Iglesia Católica. Se puede leer más sobre este sacerdote misionero Maryknoll en el excelente libro del P. Daniel Mode llamado *The Grunt Padre.*

Bibliografía Seleccionada

El propósito de esta Bibliografía Seleccionada es proporcionar un punto de partida para las personas interesadas en aprender más sobre estos héroes misioneros cristianos católicos. No pretende ser una bibliografía completa.

1 - Ms. Annalena Tonelli Comboni Missionaries' Team. "Witnesses: Annalena Tonelli, Mother Teresa of Somalia," 5 June 2020.

- Contributors to Wikipedia. "Annalena Tonelli." *Wikipedia: The Free Encyclopedia,* 24 June 2022
- Jones, Rachel Pieh. *Stronger than death: How Annalena Tonelli defied terror and tuberculosis in the Horn of Africa.* Plough Publishing House, 2019.
- UNICEF. "Annalena Tonelli: An inspired ally in the humanitarian effort in Somalia," 9 October 2003.

2 - Saint Anthony of Padua, O.F.M.

- Contributors to Wikipedia. "Anthony of Padua." *Wikipedia: The Free Encyclopedia,* 23 June 2022.
- St. Anthony Shrine. "Who is St. Anthony of Padua?" *stanthony.org,* no date.
- "St. Anthony of Padua." *Butler's Lives of the Saints: New Full Edition: June,* Revised by Kathleen Jones. Burns & Oates/The Liturgical Press, 1997, pp. 101-103.

3 - Saint Augustine of Canterbury, O.S.B.

- Contributors to Wikipedia. "Augustine of Canterbury." *Wikipedia: The Free Encyclopedia*, 25 March 2022.
- Newman, John Henry. *The life of St. Augustine of Canterbury, apostle of the English: With some account of the Early British Church.* Forgotten Books, 2018.
- "St. Augustine of Canterbury." *Butler's Lives of the Saints: New Full Edition: May*, Revised by David Hugh Farmer. Burns & Oates/The Liturgical Press, 1996, pp. 150-154.
- Toovey, James. *Lives of the English saints: St. Augustine of Canterbury, pp. 1-144.* Hardpress, 2018.

4 - Father Bill Woods, M.M.

- Brett, Donna Whitson. *The Bill Woods story: Maryknoll missionary in Guatemala.* Maryknoll Fathers & Brothers. No date.
- LaBuda, M.M., Fr. David. (Film) - "Fr. Bill Woods, M.M. – 1931-1976 – Martyr of the Ixcán, 2019."
- "Father William H. Woods, M.M." Maryknoll Mission Archives, 2021.
- "Father Bill Woods, M.M.: Missionary pilot, Texas cowboy for Jesus and martyr of the Ixcan – September 14, 1931 – November 20, 1976." Airlife Flyers Aviation Corp., 2012.
- Ofori, Michael. "Father Bill Woods." *Prezi*, October 28, 2015.

5 - Saint Boniface, O.S.B.

- Contributors to Wikipedia. "Saint Boniface," *Wikipedia: The Free Encyclopedia*, 4 June 2022.
- "St. Boniface." *Butler's Lives of the Saints: New Full Edition: June*, Revised by Kathleen Jones. Burns & Oates/The Liturgical Press, 1997, pp. 41-44.
- Saint Boniface and Ephraim Emerton, *The letters of St. Boniface.* Literary Licensing, LLC, 2013.
- Williamson, James M. *The life and times of St. Boniface.* Wentworth Press, 2019.

6 - Saint Camillus de Lellis, M.I.

- Cruz, Joan Carroll. "Saint Camillus de Lellis (1550-1614)," *Saints for the sick*, pp. 58-59. TAN Books, 2010.
- Contributors to Wikipedia. "Camillus de Lellis." *Wikipedia: The Free Encyclopedia*, 26 February 2022.
- Donnelly, John Patrick S.J. "Camillus de Lellis (1550 – 1614), Patron saint of hospitals." *The Linacre Quarterly*, 2011.
- Kus, Fr. Robert J. "St. Camillus de Lellis, M.I." *Saintly men of nursing: 100 amazing stories*, pp. 45-46. Red Lantern Press, 2017.
- McKeown, Jonah. "St. Camillus de Lellis: Patron saint of hospitals, nurses, and the sick." *Catholic News Agency*, April 18, 2020.
- "St Camillus de Lellis: Demonstrating Christ's love to the sick." The Basilica of the National Shrine of the Immaculate Conception, July 16, 2020.
- "St. Camillus de Lellis." *Butler's Lives of the Saints: New Full Edition: July*, Revised by Peter Doyle. Burns & Oates/The Liturgical press, 1999, pp. 100-102.

7 - Sister Carla Piette, M.M.

- Brett, Donna Whitson and Edward T. Brett. "Pope Francis' new pathway to sainthood clears the way for a woman religious." *U.S. Catholic*, December 1, 2020.
- Maggiore, Jacqueline Hansen. *Vessel of clay: The inspirational journal of Sister Carla.* University of Scranton Press, 2010.
- Noone, Judith M., M.M. *The same fate as the poor.* Orbis Books, 1984, 1995.
- "Sister Carol Piette, M.M." Maryknoll Mission Archives, 2021.

8. - Blessed Carlo Acutis

- Conquer, Will. *A millennial in paradise: Carlo Acutis.* Sofia Institute Press, 2019.
- Contributors to Wikipedia. "Carlo Acutis." *Wikipedia: The Free Encyclopedia*, 14 May 2022.
- Gori, Nicola. *Carlo Acutis: The first millennial saint.* Our Sunday Visitor, 2021.
- Kunnappally, Ephrem. *Highway to heaven: A spiritual journey through the life of Blessed Carlo Acutis.* Pavanatma Publications, 2022.
- Swain, Colleen and Matt Swaim. *Dare to be more: The witness of Blessed Carlo Acutis.* Liguori Publications, 2021.

9 - Servant of God Casimir Cypher, O.F.M., Conv.

- Brett, Donna Whitson and Edward T. Brett. "Father Casimir Cypher, a model for missionaries today," *U.S. Catholic*, January 14, 2022.
- Romb, Anselm W. *Man of peace: Casimir Michael Cypher, OFM Conv: His meaning in life was found in death.* 1985. [Out of print.]
- "The cause for canonization for Father Casimir Cypher, OFM Conv (+1975)." http://www.marytown.com, no date.

10 - Saint Damien of Molokai, SS. CC.

- "Bd. Damien De Veuster." *Butler's Lives of the Saints: New Full Edition: April*, Revised by Peter Doyle. Burns & Oates/The Liturgical press, 1999, pp. 104-108.
- Bunson, Matthew and Margaret. *Saint Damien of Molokai: Apostle of the exiled.* Our Sunday Visitor Publications, 2009.
- Contributors to Wikipedia. "Father Damien." *Wikipedia: The Free Encyclopedia*, 14 May 2022.
- Richards, FSP Virginia Helen. *Saint Damien of Molokai: Hero of Hawaii.* Pauline Books, 2009.
- Kus, Fr. Robert J. "St. Damien of Molokai, SS.CC.," *Saintly Men of Nursing: 100 Amazing Stories*, Red Lantern Press, 2017, pp. 52-55.

11 - Saint Francis Xavier, S.J.

- Contributors to Wikipedia. "Francis Xavier." *Wikipedia: The Free Encyclopedia*, 24 June 2022
- Kus, Fr. Robert J. "St. Francis Xavier, S.J.", *Saintly Men of Nursing: 100 Amazing Stories*, Red Lantern Press, 2017, pp. 73-75.
- "St. Francis Xavier." *Butler's Lives of the Saints: New Full Edition: December*, Revised by Kathleen Jones. Burns & Oates/The Liturgical press, 1999, pp. 25-30.
- "St. Francis Xavier." Saint of the Day for December 3.
- "St. Francis Xavier." Catholic Online/Saints and Angels, December 3.

12 - Saint Frances Xavier Cabrini, M.S.C.

- Ball, Ann. "Saint Frances Xavier Cabrini, M.S.C. (1850-1917)." *Modern saints: their lives and faces, Book One.* TAN Books: 1983.
- Contributors to Wikipedia. "Frances Xavier Cabrini." *Wikipedia: The Free Encyclopedia*, 21 June 2022.
- Galilea, Segundo. *In Weakness, strength: The life and missionary activity of Saint Frances Xavier Cabrini*, Claretian, 2004.
- Lawn, John & Keys, Frances Parkinson. *Mother Cabrini: Missionary to the World (Vision Books).* Ignatius Press, 1997.
- Missionary Sisters of the Sacred Heart. *An American saint of our time: Mother Frances Xavier Cabrini.* Kessinger Legacy Reprints, 2010.
- "St. Frances Xavier Cabrini." *Butler's Lives of the Saints: New Full Edition: December*, Revised by Kathleen Jones. Burns & Oates/The Liturgical press, 1999, pp. 168-171.

13 - Blessed Francis Xavier Seelos, C.Ss.R.

- Ball, Ann. "Francis X. Seelos, C.Ss.R. (1819-1867). *Modern saints: their lives and faces*, pp. 51-56. TAN Books: 1983.
- Contributors to Wikipedia. "Francis Xavier Seelos." *Wikipedia: The Free Encyclopedia*, 7 March 2022.
- Hoegerl, Rev. Carl. *The Life of Blessed Francis Xavier Seelos, Redemptorist*, Liguori, 2000.
- Kus, Fr. Robert J. "Bl. Francis Xavier Seelos, C.Ss.R." *Saintly Men of Nursing: 100 Amazing Stories*, Red Lantern Press, 2017, pp. 77-79.
- Murray, Fr. John. "The Life of a Roving Redemptorist." Seelos.org.
- "Seelos Health Care." Seelos.org.

14 - Sister Henrietta of Hough, C.S.A.

- "Henrietta, Sister, CSA." *Encyclopedia of Cleveland History.* Cleveland: Case Western Reserve Press, 2022.
- Wolf, Rev. Msgr. Robert C. *Henrietta of Hough: She reclaimed a Cleveland slum*, 1990.

15 - Blessed James Miller, F.S.C.

- "Blessed James Miller." *LaSalle.org*, 2019.
- Contributors to Wikipedia. "James Miller (religious brother)." *Wikipedia: The Free Encyclopedia*, 24 May 2022.
- Ehrlick, Darrell. "Martyr, SMU grad a candidate for Roman Catholic sainthood." *Winona Daily News*, retrieved February 11, 2018.
- Mayorga, Aaron. "Murder of a Lasallian educator: Remembering Brother James Santiago Miller." *The Quadrangle*. Retrieved February 11, 2018.

16 - Ms. Jean Donovan

- Carrigan, Ann. *Salvador witness: The life and death of Jean Donovan*. Orbis Books, 2005.
- Contributors to Wikipedia. "Jean Donovan." *Wikipedia: The Free Encyclopedia*, 20 November 2021.
- [Film] - *Roses in December*. 1982.

17 - Blessed Joseph Gerard, O.M.I.

- Contributors to Wikipedia. "Joseph Gérard." *Wikipedia: The Free Encyclopedia*, 25 March 2022.
- "Bd. Joseph Gerard." *Butler's Lives of the Saints: New Full Edition: May*, Revised by David Hugh Farmer. Burns & Oates/The Liturgical press, 1996, p. 166.
- "Blessed Joseph Gérard Missionary of Lesotho." OMI Postulation.ENG, no date.
- O'Hara, Gerard. *Father Joseph Gérard: Oblate of Mary Immaculate*. 1988.

18 - Saint Juan Diego

- Amadio, Michael. *Nican Mopohua: The chronicles of the Marian apparition of Our Lady of Guadalupe, the canonization of St. Juan Diego, and devotions and prayers*. Lulu.com, 2021.
- Chávez, Eduardo. *Our Lady of Guadalupe and Saint Juan Diego: The historical evidence (Celebrating faith: Explorations in Latino spirituality and theology)*. Rowman & Littlefield Publishers, 2006.

- Contributors to Wikipedia. "Juan Diego." *Wikipedia: The Free Encyclopedia*, 9 June 2022.
- Editors of Encyclopedia Britannica. "St. Juan Diego: Mexican saint." 1 Jan 2021.
- Saunders, Fr. William. "Saint Juan Diego and Our Lady," *Arlington Catholic Herald* reprinted in catholiceducation.org, 2004.

19 - Saint Ignatius of Loyola, S.J.

- "St. Ignatius of Loyola." *Butler's Lives of the Saints: New Full Edition: July*, Revised by Peter Doyle. Burns & Oates/The Liturgical press, 1999, pp. 248-259.
- Contributors to Wikipedia. "Ignatius of Loyola." *Wikipedia: The Free Encyclopedia*, 19 June 2022.
- Edward A. Ryan. "St. Ignatius of Loyola: Spanish saint." *Britannica*, 1 January 2021.
- Sklar, Peggy A. *St. Ignatius of Loyola: In God's service.* Paulist Press, 2001.

20 - Sister Ita Ford, M.M.

- Contributors to Wikipedia. "Ita Ford." *Wikipedia: The Free Encyclopedia*, 14 June 2022.
- Evans, Jeanne. *Here I am, Lord: The letters and writings of Ita Ford.* Orbis Books, October 2005.
- Noone, Judith. *The same fate as the poor.* Orbis Books, May 1996.
- O'Boyle, John. *Martyrs of El Salvador: Their tapes and letters.* 2011.
- Swedish, Margaret. *A message too precious to be silenced: The four U.S. church women and the meaning of martyrdom*, January 1992.
- Zagano, Phyllis. *Ita Ford: Missionary martyr.* Paulist Press: January 1996.

21 - Saint Madeleine-Sophie Barat, R.S.C.J.

- Ball, Ann. "Saint Madeleine Sophie Barat (1779-1865)." *Modern saints: their lives and faces, Book Two*, pp. 93-100. TAN Books: 1990.
- Contributors to Wikipedia. "Madeleine Sophie Barat." *Wikipedia: The Free Encyclopedia*, 14 June 2022.
- Kilroy, Phil. *Madeleine Sophie Barat: A life.* Paulist Press, 2000.

- "St. Madeleine Sophie Barat." *Butler's Lives of the Saints: New Full Edition: May*, Revised by David Hugh Farmer. Burns & Oates/The Liturgical Press, 1996, pp. 141-143.

22 - Saint Marianne Cope, O.S.F.

- Ball, Ann. "Mother Marianne of Molokai, O.S.F. (1838-1918)," pp. 287-293. *Modern saints: their lives and faces.* TAN Books: 1990.
- Contributors to Wikipedia. "Marianne Cope." *Wikipedia: The Free Encyclopedia*, 14 June 2022.
- Gangloff, Sr. Mary Francis OSF. *The life and legacy of Saint Marianne Cope, OSF*, 2013.
- Hanley, Sr. Mary Laurence & Bushnell, O.A. *Pilgrimage & exile: Mother Marianne of Molokai*, Manual Publishing, November 2009.
- Rigney, Melanie. "Marianne Cope: Providing care with courage. *Radical saints: 21 women for the 21st century.* Franciscan Media: 2020.

23 - Mother Mary Joseph Rogers, M.M.

- Contributors to Wikipedia. "Mary Joseph Rogers." *Wikipedia: The Free Encyclopedia*, 19 June 2022.
- LaVerdiere, MM, Claudette. *On the threshold of the future: The life and spirituality of Mother Mary Joseph Rogers, founder of the Maryknoll Sisters.* Orbis Books, 2011.
- Lernoux, Penny, Jones, Arthur, and Ellsberg, Robert. *Hearts on fire: The story of the Maryknoll Sisters.* Orbis Books, 1993, 2005.

24 - Saint Mary MacKillop, S.O.S.J.

- Barr, Helen. *Veil of miracles: Chiara's journey entwined with St. Mary of the Cross MacKillop*, 2018.
- "Bd. Mary MacKillop." *Butler's Lives of the Saints: New Full Edition: August*, Revised by John Cumming. Burns & Oates/The Liturgical press, 1998, pp. 70-72.
- Cadwallader, Alan (Ed.). *In the land of larks and heroes: Australian reflections on St. Mary MacKillop*, 2010.
- Contributors to Wikipedia. "Mary MacKillop." *Wikipedia: The Free Encyclopedia*, 21 June 2022.
- Rigney, Melanie. "Mary MacKillop: Pursuing God's plan despite roadblocks." *Radical saints: 21 women for the 21st century.* Franciscan Media, 2020.

25 - Sister Mary Mercy Hirschboeck, M.M.

- Contributors to Wikipedia. "Elizabeth Hirschboeck." *Wikipedia: The Free Encyclopedia*, 13 June 2022.
- Lernoux, Penny, Arthur Jones, and Robert Ellsberg. *Hearts on fire: The story of the Maryknoll Sisters.* Orbis Books, 1993, 2005.
- "Mary Mercy Hirschboeck, 83, Maryknoll Sister and Doctor," *New York Times*, October 2, 1986, Section B, p. 7.
- "Sister Mary Mercy Hirschboeck, MM." Maryknoll Mission Archives, 2021.

26. - Sister Maura Clarke, M.M.

- Contributors to Wikipedia. "Maura Clarke." *Wikipedia: The Free Encyclopedia*, 14 June 2022.
- Lernoux, Penny, Jones, Arthur, and Ellsberg, Robert. *Hearts on fire: The story of the Maryknoll Sisters.* Orbis Books, 1993, 2005.
- Markey, Eileen. *A radical faith: The assassination of Sister Maura*, Nation Books, 2016.
- Noone, MM, Judith M. *The same fate as the poor.* Orbis Books, 1995.
- "Sister Maura Clarke, M.M." Maryknoll Mission Archives, 2021.

27. - Saint Maximilian Kolbe, O.F.M., Conv.

- Contributors to Wikipedia. "Maximilian Kolbe." *Wikipedia: The Free Encyclopedia*, 23 June 2022.
- Frossard, André. *"Forget not love": The passion of Maximilian Kolbe.* Ignatius Press, 1991.
- LeMay, William. *The life of St. Maximilian Kolbe: Apostle of mass communications.* Independently published, 2019.
- Romb, Anselm. *The Kolbe reader: The writings of St. Maximilian M. Kolbe, OFM Conv.*, Marytown Press, 2007.
- Smith, Fr. Jeremiah J. *The Knight of the Immaculate: Father Maximilian Kolbe.* Pickle Partners Publishing, 2016.
- Stone, Elaine Murray. *Maximilian Kolbe: Saint of Auschwitz.* Paulist Press, 1997.
- Treece, Patricia. *A man for others: Maximilian Kolbe the "Saint of Auschwitz."* Marytown Press, 1993.

28. - Saint Noel Chabanel, S.J.

- Ambroisie, Peter. "Dec 26 – St. Noel Chabanel, SJ, (1613-1649): Priest & martyr, 'Resist your temptation to put down your cross," soul-candy.info, February 21, 2016.
- Contributors to Wikipedia. "Noel Chabanel." *Wikipedia: The Free Encyclopedia*, 26 February 2022.
- Wynne, John J. S.J. *The Jesuit martyrs of North America.* Saint Gregory Press, 1925, 2020.

29. - Saint Paulina of the Agonizing Heart of Jesus, C.I.I.C.

- Contributors to Wikipedia. "Pauline of the Agonizing Heart of Jesus." *Wikipedia: The Free Encyclopedia*, 6 February 2022.
- Farace, Frederick A. *Love's harvest: The life of Blessed Pauline.* Faith Publishing Co., 1994.
- Gannon, Megan C. *Special saints for special people: Stories of saints with disabilities.* Twenty-Third Publications, 2019.
- Vatican.va. "Paulina Do Coracao Agonizante de Jesus." Official Vatican Biography. No date.

30. - Saint Rose Philippine Duchesne, R.S.C.J.

- Ball, Ann. "Blessed Philippine Duchesne, R.S.C.J." *Modern saints: their lives and faces, Book One*, pp. 6-11). TAN Books, 1983.
- Contributors to Wikipedia. "Rose Philippine Duchesne." *Wikipedia: The Free Encyclopedia*, 19 June 2022.
- Cummings, Kathleen Sprows. *A saint of our own: How the quest for a holy hero helped Catholics become American.* The University of North Carolina Press, 2019.
- Mooney, Catherine M. *Philippine Duchesne: A woman with the poor.* Wipf & Stock Publishers, 2007.
- Osiek, Carolyn RSCJ. *Saint Rose Philippine Duchesne: A heart on fire across frontiers.* Society of the Sacred Heart, 2017.

31. Blessed Stanley Rother

- *An ordinary martyr: The life and death of Blessed Stanley Rother* [film], Lampstand, 2018.
- Bond, Susan Rother. *Blessed Stanley Rother: An extraordinary ordinary life.* Bonds Between Us Publishing, 2018. (Children's Book)
- Contributors to Wikipedia. "Stanley Rother." *Wikipedia: The Free Encyclopedia*, 14 June 2022.
- *Fr. Stanley Rother: Biography* [film]. Coronation Media, 2017.
- Ruiz Scaperlanda, María. *The shepherd who didn't run: Fr. Stanley Rother, martyr from Oklahoma.* Our Sunday Visitor Press, 2015.

32. - Saint Teresa of Calcutta, M.C.

- Contributors to Wikipedia. "Mother Teresa." *Wikipedia: The Free Encyclopedia*, 23 June 2022.
- Rigney, Melanie. "Teresa of Calcutta: Loving the unlovable." *Radical saints; 21 women for the 21st century.* Franciscan Media, 2020.
- Ruszala, Michael J. and North, Wyatt. *Mother Teresa of Calcutta: A witness to love.* Wyatt North Publishing, 2015.
- Teresa, Mother and Kolodiejchuk, Brian. *Mother Teresa: Come be my light: The private writings of the Saint of Calcutta.* Doubleday, 2007.

33. - Saint Therese of the Child Jesus, O.C.D.

- Ball, Ann. "Saint Therese of the Child Jesus, O.C.D. – 'The Little Flower' (1873-1897)." *Modern saints: their lives and faces*, pp. 222-237. TAN: 1990.
- Clarke, John & St. Therese of Lisieux. *The letters of St. Therese of Lisieux, Vol 1: 1877-1890*, Institute of Carmelite Studies, 1982.
- Contributors to Wikipedia. "Thérèse of Lisieux." *Wikipedia: The Free Encyclopedia*, 15 June 2022.
- "St. Therese of Lisieux." *Butler's Lives of the Saints: New Full Edition: October*, Revised by Peter Boyle. Burns & Oates/The Liturgical press, 1997, pp. 1-5.
- Therese of Lisieux. *The story of a soul: The autobiography of St. Therese of Lisieux.* Tan Books, 2010.

34. - Servant of God Thomas Frederick Price, M.M.

- Byrne, Patrick James. *Father Price of Maryknoll: A short sketch of the life of Reverend Thomas Frederick Price, Missioner in North Carolina, co-founder of Maryknoll, missioner in China.* Franklin Classics, 2018.
- Contributors to Wikipedia. "Thomas Frederick Price." *Wikipedia: The Free Encyclopedia*, 13 September 2021.
- Hanlon, Kevin, M.M. "Father Price: 'The holy priest.'" *Maryknoll Magazine, September 2019.*
- Murrett, John C. *Tar Heel Apostle: Thomas Frederick Price, Cofounder of Maryknoll*, September 2020. (antiquarian book)

35. - Servant of God Vincent Robert Capodanno, M.M.

- Archdiocese for the Military Services, USA. *Father Capodanno Biography.* No date.
- Contributors to Wikipedia. "Vincent R. Capodanno." *Wikipedia: The Free Encyclopedia*, 30 May 2022.
- DiGiovanni, Stephen M. *Armed with faith: The life of Father Vincent* R. *Capodanno, M.M.* Independently published, 2018.
- Mode, Daniel. "Vincent Capodanno: The grunt padre, 50 years later." *Maryknoll Magazine*, Sept. 1, 2017.
- Mode, Daniel L. Fr. *The grunt padre: Father Vincent Robert Capodanno – Vietnam 1966-1967.* CMJ Marian Publishers, 2000.

www.ingramcontent.com/pod-product-compliance
Lightning Source LLC
LaVergne TN
LVHW091053150826
845673LV00002B/569

* 9 7 9 8 3 5 3 2 2 7 1 4 4 *